遊　塵

鄭　啓　恭　著

文　學　叢　刊

文史哲出版社印行

國家圖書館出版品預行編目資料

```
遊塵 / 鄭啟恭著. -- 初版. -- 臺北市：文史哲，
   民 106.07
      頁 ；   公分. --（文學叢刊；379）
   ISBN 978-986-314-365-9（平裝）


855                                106006426
```

文　學　叢　刊　379

遊　　　塵

著　　　者：鄭　　　啟　　　恭
出　版　者：文　史　哲　出　版　社
　　　　　　http://www.lapen.com.tw
　　　　　　e-mail：lapen@ms74.hinet.net
登記證字號：行政院新聞局版臺業字五三三七號
發　行　人：彭　　　正　　　雄
發　行　所：文　史　哲　出　版　社
印　刷　者：文　史　哲　出　版　社
　　　　　　臺北市羅斯福路一段七十二巷四號
　　　　　　郵政劃撥帳號：一六一八〇一七五
　　　　　　電話886-2-23511028・傳真886-2-23965656

定價新臺幣三〇〇元

二〇一七年（民一〇六）七月初版

獻給我在天上的父母

閒雲潭影日日悠　物換星移幾度秋

遊　塵

目　次

魂 縈 舊 夢

魂縈舊夢 往事如煙

金雞報曉

八塊榻榻米

「我不想再活了。」江伯母嘆了一口氣說：「該做的事都已經做完，感到沒甚麼意思，很想要早點回去。」她說這話時，才剛過九十歲生日不久。

我見她認真的表情，趕緊胡謅一句：「別那麼急啊，上帝還沒點到您的名，暫且忍耐忍耐吧！」江伯母對我抿出一絲苦笑，我愛講笑她早已習慣。

她看著我由紮著兩條辮子的小丫頭，一晃眼長成為婦人，而她，卻在我漸漸曉事的眼中逐年地老去。

第一次見到江伯母時，我只有十歲。在那貧民區裡，有幾排相連的小木屋，其中有一間，是江伯母的住處，也就是我小學同窗米子的家。

米子是班上新來的轉學生，她的皮膚白皙，明眸皓齒，長得很好看。我們放學時，常一起結伴走路回家。米子住得遠一些，總要先經過我家，起初我邀米子進屋裡一起做功課，她總是拒絕。後來，她卻要求放學後我

們加快腳步走，這樣，她就能先到我家歇一會兒，吃些點心或什麼的，我這才知道米子有個極嚴厲的母親。

米子很怕她的母親，聽了米子的形容，我心裡也怕怕起來。忐忐忑忑地初見江伯母，她威嚴的面貌，並沒嚇倒我，我在她堅毅的眼神中，也看到了慈愛和溫柔，是她的微笑，鬆弛了我緊繃的神經。

米子的家，可說是一目了然，主要的使用空間，只在那八塊榻榻米的範圍中。我仍記得，榻榻米的中央，有那麼一張黑褐色的矮方桌，它是這屋裡最重要的家具。來了客人，茶水往桌上一擺，即成客廳。用膳的碗筷飯菜一擱上桌，就是餐廳。米子與哥哥阿雄在桌上做功課，成為書房。到了晚上，矮桌豎起來，就隔出兩間臥房。我曾在這桌上，嚐過美味的地瓜稀飯，算是極品招待。

除了這張萬能桌，玄關角落的那台腳踏縫衣機，是這屋裡最有價值的東西。雖然老舊，卻是經濟來源的幕後功臣，江伯母依賴它為人修改衣服，那張矮方桌也是她的工作檯。

米子個兒比我高大，又長我兩歲，我們經常在一起，成了好朋友。小學畢業後，米子也步上阿雄哥哥的後塵，

開始在公司行號裡打工幫助家計，晚間才到商業職校進修。

　　我就讀的中學，距米子家不遠，放學時路過，有時會特地彎進小弄堂，找江伯母聊聊天，她的日子過得既安靜也寂寞，每次看到我都笑瞇了眼。雖然與江伯母談話好像雞同鴨講，她的國語不好，我的台語也不怎樣，但我們總是能很愉快地溝通，幾年下來也建立了特殊的感情。

　　江伯母不大與鄰居往來。她的鄰居們，常把曬衣竿從自家跨到對面人家去，對家也橫一竿衣褲掛過來，就這樣串門子。弄堂內總是「旗」海飄揚，每次去訪江伯母都要穿過好幾個褲襠。

　　由於每個木屋裡空間狹小又悶熱，這弄堂就成為公共的生活空間。男人常打赤膊躺在門口，或聚在一起嚼著檳榔，吸著菸，賭輸了紙牌，就大聲罵粗口。女人們用布條將嬰兒綁在自己的背後，蹲在地上，煽著煤球煮食，或搓洗著盆裡的衣物，各人在自家門前幹自己的活兒。也有人撇下一只木屐，將光腳丫子搭翹在另一隻大腿上，邊搖著紙扇，邊對著她左鄰右舍扯著嗓子，盡說些有的、沒有的，任由光著屁股、光著腳的孩子在當中

跑來跑去。

　　擁有「台北第三女高」學歷的江伯母，在這弄堂裡，就像一朵不受汙染的蓮花。她也一直很用心不讓米子兄妹受到環境影響，學壞了習氣。她沒有本錢學孟母三遷，只好板起嚴肅的臉孔，好讓阿雄、米子乖乖聽話。

　　阿雄哥孝順乖巧，米子卻比較讓江伯母操心。為準備入高中的升學考試，米子來我家住宿，以便能安靜地溫書。江伯母竟在夜裡十一點半特來按鈴查看，可見她對米子是多麼地不放心。但米子仍舊背著母親結交了男朋友。

　　在米子工作的地方，我意外地見到了華鑫，這穿著建國中學制服的男生，看來是個聰明的傢伙。米子眼見祕密包不住，千拜託萬拜託，要我守口如瓶。我發現，戀愛中的米子真是個十足的傻大妞。她竟將自己的零用錢交給華鑫使用，而華鑫卻用來請別的女生看電影。我恐怕米子執迷不悟以後吃大虧，便忍不住對阿雄洩了密，他說會想辦法。拯救米子又成了我和阿雄的祕密了。

　　正式成為上班族的阿雄，後來經常帶米子一同參加各種聚會活動。米子就這樣認識了施豪仁，豪仁是阿雄同學的朋友，家裡是經商的，比米子年長六、七歲，他

的臉上清楚地寫著忠厚善良。

　　江伯母多年來勤儉持家，積蓄有成，終於在一棟四層樓的公寓中買下一戶單位。米子與豪仁結婚時，我捧著她拖在身後的婚紗，從這新家體面地嫁了出去。

　　那天，我們臉上都被塗了厚厚的粉、胭脂和口紅，米子的大眼睛上還黏著兩條假睫毛。不知是誰定的規矩，新娘、伴娘一定要這樣打扮，米子說她還被挽了面。我曾見過挽面的婦人，在兩手的指頭上盤著一根交叉的線，X型的線在人臉上一絞一絞，臉上的胎毛就被絞得一乾二淨，光潔的臉，上妝就比較容易。我不曾見米子如此濃妝豔抹，又不想掃她的興，倒是自己躲到衛生間去偷偷抹掉一些。

　　自我移居美國，每次回台灣，總會去找米子，也會去看江伯母。阿雄婚後仍與母親同住。在江伯母的鼓勵下，阿雄在大學夜間部取得了學士學位，工作上也升到了經理的職銜，收入增加，大大改善了生活水平。又在增添了一對雙生兒之後，他們搬進了面積較大的公寓。

　　每次去找江伯母，阿雄一家都上班、上學去了。我們的歡聲笑語，使這寂靜的空間立時有了生氣。我的台語，因長期在國外無機會練習，老用錯詞句，惹得江伯

母不時笑出眼淚來。我結結巴巴時，她會說：「妳（供）國語好啦，（哇）現在會聽了。」但我仍堅持與她說台語，我喜歡看她愁苦的臉上堆起的笑容。

有關江伯母的過去，連米子也所知有限。米子自小就以為她的父親是英年早逝，江伯母也不許他們多問。有一次，米子的表妹不經意地說溜了嘴，米子才得知她的生父是個日本軍人。

這日本軍官，是江伯母當年不顧家人反對，執著的選擇。她在家人無法諒解與接受下，不惜與家庭中斷關係。第二次世界大戰日本戰敗投降，台灣光復後，米子的父親被遣送回國，從此音訊杳然。江伯母不但倔強，也夠堅強，她自食其力，含辛茹苦地養育才三歲的阿雄，和襁褓中的米子。

米子做夢也沒想到，會意外得知父親的下落，於是暗下決心要千里尋父。

豪仁一直在考慮往海外拓展事業，這一年，他特別安排全家來美旅遊，並觀察市場。他們第一站就先來了紐約，為盡地主之誼，我特向公司請了一星期的假。一家庭的住所，一下子擠了兩家人，自是熱鬧無比，米子七歲的兒子，他妹妹及我家兩個孩子的年齡像樓梯一般

排下來，雖是初次見面，沒一會兒就打成一片。

米子告訴我，她終於見到她的生父了。自從知道父親在日本，她就決定有生之年一定要找到他，還憧憬自己與父親會面的情景。豪仁為幫她實現願望，在日本聘請了私家偵探，花了三、四年的時間才找對了人。我也以為，相會的一幕一定像電影情節中那樣感人，米子卻嘆道：「早知如此，還不如不見。」米子說，她瞞著母親，很興奮地帶著兩孩子去了日本。親眼見到了父親，卻覺得面對的是一個完完全全陌生的人。

她在父親家中，見到了他所有的家庭成員。米子很驚訝地發現，她竟有三個較她年長的異母兄姊。莫名的一把火，頓時竄燒著她的心，她感到萬分地屈辱，對自己的身分亦覺得異常難堪。眼前這日本人，欺騙了母親的感情，又未曾擔負任何養育責任，讓他的骨肉親人自生自滅辛苦地生活著，米子當時竟對父親怨恨起來……。她很後悔，也佩服阿雄堅持不肯同往的先見之明。

我猜想，江伯母可能老早就知道了自己的處境，卻只得默默地吞食苦果，專注於將阿雄米子兄妹拉拔長大。

米子他們結束了紐約假期，又往洛杉磯飛去。經過

此次探路，豪仁最後決定在西岸成立公司。在通過了投資移民的申請後不久，他們就遷到洛杉磯定居了。有一年暑假，我帶小孩返台省親，為探望米子一家，特地由紐約先飛到洛杉磯再轉機回台。幾年不見，米子的兒女長高了不少。豪仁為我們接風，也見到豪仁的妹妹、妹夫，他們都在豪仁的公司幫忙。豪仁的業務設在市區，因米子看中郊區這棟兩層樓有大游泳池的豪宅，於是豪仁每天要花不少時間在公路上奔馳。

在洛杉磯那幾日，米子多數與豪仁去了公司，她認為家中有我這一個大人在就足夠了。我想米子不當我外人，他們忙著生意，我幫忙照顧一下孩子也無妨。在這大宅裡，四個孩子、兩隻狗都玩得很融洽。

到了周末，豪仁的妹妹、妹夫帶著他們的兒子，一早開了部大車來，要載我們四處看看，他們還準備了許多飲食，計畫到一個特別的園林去賞花並野餐。米子卻說花花草草有什麼好看，紐約也有，何必浪費時間開到那麼遠去。後來米子還抱怨，她在陪我們曬太陽。我很感激豪仁的妹妹、妹夫一片好意，卻很不明白米子怎會變得如此地不近情理。

沒想到，就在我們要離開的前一晚，米子與豪仁在

客廳裡爭吵起來。豪仁接到台北公司的緊急電話，必須搭次日首班飛機返台。原本是豪仁要送我們到機場的，這下，米子不但得一大早送豪仁，下午又要再送我們。米子極不情願地說：「一天跑兩趟機場，豈不是耗掉整天在公路上開來開去？何況我還得去公司。」豪仁說：「我妹妹、妹夫都會在公司，妳不去也沒關係……」我聽出是因我而吵，知趣地走開了。

第二天起床時，豪仁、米子早已離家。我習慣地張羅孩子們早餐，一邊期待著米子的消息。直到中午，米子不曾打電話回來。我心裡開始焦急，米子的家距機場有相當的距離，若是趕不上傍晚的飛機，我就麻煩了。在這偏郊，去哪兒叫計程車？我只好莊敬自強，自力救濟，硬著頭皮向中學老友求救，老友說她不開高速公路，但她給了我另一位同班男生的電話。我與這男同學並不很熟稔，離開中學後根本沒聯繫。但他得知我的困境後，竟立即出發，長途跋涉開到郊區來接我們上機場。

離開米子家的時候，我是多麼希望能聽到電話鈴聲響起，但我終究帶著無限的悵惘走出了大門。

在機艙內，回想這趟洛杉磯行的點點滴滴，不禁悲從中來，整個心緊緊糾結。我取出通訊簿，翻到米子的

那一頁，不自覺地提起沉重的筆，將她的電話號碼與地址，最後連同米子的姓名，都塗成一團黑墨。合上小簿，望著窗外，在藍天上漫步的朵朵白雲，仍悠悠地往前行進。我感到有熱癢癢的東西，正悄悄地滑下我的面頰。

與米子之間的不愉快，我一直不曾對江伯母提及。我們一個在東，一個在西，各有各的家庭，各忙各的事業，不常往來也情有可原。

好多年後，江伯母告訴我，豪仁已將公司交給妹夫，自己搬回台灣居住了。幾年來，米子與豪仁分居兩地，江伯母一直不以為然。她說：「兩個孩子都住在學校，她一個人守著洛杉磯那個大房子，真魔菜（浪費）。」

江伯母還感慨地說：「米子變了。」其實我很清楚米子的改變，但我沒吭聲。江伯母欲言又止，無奈中吐出：「妳還是像小時候一樣。」

我始終沒告訴江伯母，其實我已十幾年未與米子聯絡了。

米子雖不常回台灣，豪仁卻已買下了新建的居所與江伯母為鄰。

有一次返台，江伯母高興地說：「米子正好也回來了！」

　　與米子中斷往來多年，聽到這消息，也引不起我的興奮。還好江伯母又說，米子有時差正在睡覺，免去了見面的尷尬。

　　這天江伯母興致好，我告辭，她送我到樓下，又陪我走到巷子口，還指著旁邊的新樓說：「米子就住這樓上，要不要去找她？」

　　「下次吧！」我毫不猶豫地，向江伯母揮起手說：「再見！」便大步朝巷中走去。

　　回紐約不久，米子突然由洛杉磯打電話來，我很驚訝。她說：「我媽媽要我問妳何時再回去？妳掉了一個小鏡子在她那兒，她本要我帶回美國再寄給妳，我說寄費比這鏡子還貴，我看這個小鏡子不值幾個錢，妳大概也無所謂吧！」

　　我說：「那妳就把它扔了吧！」

　　米子答道：「我也是這麼說，唉！老人家真固執，她已經把它包起來，就等妳回去拿。」

　　到了年底，米子又來電話：「我媽一直在唸，妳回不回台灣過年？」

　　我恐怕江伯母掛心，便撥電話給她，還沒說上兩句，她就要我掛掉，說長途電話費很貴，下次回台北再講吧。

　　也許江伯母是故意找藉口，要米子打電話給我，她大概心中納悶，不知我們這青梅竹馬的老朋友到底怎麼了？米子曾給了我幾個聯絡的電話號碼，我總是虛應著，連紙筆都懶得去拿，雖然心裡早已原諒米子，只覺得我們緣分已止，情誼也盡，何需藕斷絲連？

　　這次看到江伯母，她竟坐在輪椅上了，人比以前清瘦，似乎也黝黑了些。她讓菲傭給我倒了杯橙汁，然後緩緩地說：「米子在美國的房子已經賣掉，她現在正式搬回來了。我告訴她妳要來，她等一下就會過來。」話才說完，米子已自己開了門走進來。我毫無心理準備要見米子，當著江伯母的面，我只好迎上去擁抱米子說：「好久不見！」

　　米子與我有一搭沒一搭地進行問答題，江伯母顯得有些不耐煩。沒多久，她竟抬起手往外揮著，要我早點回去休息。江伯母表現得與過去大不相同，我想她一定是累了，竟連話也懶得說。透進窗裡的斜暉，襯得江伯母灰濛濛的。

　　我上前去環抱輪椅上的江伯母，在她頰上輕吻一下，卻什麼話也說不出口，便與米子一同離去。電梯裡只我們兩個，靜得能聽到彼此的呼吸，電梯門打開，西

沉落日由大廳的玻璃門直射入眼，夕陽無限好，只是近黃昏。

想起江伯母灰暗的臉色，「妳媽近來常曬太陽嗎？」我心有疑慮地問米子。

「很久沒出門了呢！」米子答道。

我內心頓時湧起了極複雜的情緒，莫非是上帝的使者來接江伯母了。

走到巷口，米子指著右側那棟高樓說：「我現就住這兒，要不要上來坐一下？」我想起曾答應江伯母「下一次」會去米子的新宅，這次與米子的會面，似是江伯母的特意安排，我不能辜負她的心意。

米子住在頂樓，大片落地窗外，還有個小花園陽台，視野很好，每層樓只有兩戶人家，十分寬敞。上好品質的建材，裝潢得一屋子豪華氣派。

我們坐在偌大的客廳裡，心中都在努力尋找話題，畢竟好久沒往來，有一點隔閡，況且該知道的訊息，早在江伯母那兒就已經說完。

米子突然起身走進房間，抱出來一本大相簿。她翻開了第一頁，指著一個紮著辮子的小女孩說：「妳還記得這是誰嗎？」

　　我看到年幼的自己，新長的門牙，在裂開的笑口裡顯得特別大。

　　「每個人看到這照片都在問，這可愛的小女孩是誰？」米子說：「時間過得真快，我們都老了！」

　　我有些感動，她將我的照片貼在首頁的第一張，我是她生平的第一個朋友。米子翻著相簿，重溫我們成長的軌跡。在她的結婚照片中，我這伴娘，打扮得小大人似的，那時，我們是多麼地年輕，多麼地苗條，我們的笑靨裡充滿了無邪的天真。

　　殘留的晚霞，映在落地窗上，很美，也很淒涼。

　　「天快黑了，我該走了。」我起身往門口走去，米子跟上來，為我按了電梯鈕。電梯門開了，米子抱了我一下，說：「保持聯絡！」

　　步出大樓，我轉進旁邊的小巷。這天巷子似乎特別長，我發覺自己的腳步異常緩慢，好像是要認真地記住這巷子裡的一切，我知道，我已沒有任何理由再回到這兒。我轉頭回望江伯母的住處，別了！江伯母，咱們天堂再見！

　　在雲端裡，我彷彿看見江伯母，正跪坐在矮方桌前，笑容可掬地，遞給我一小碗地瓜稀飯。　　～2009

紅　門

　　瀏覽了滿室的攝影作品，唯獨那幀「紅門」，仍嵌在我的腦中，隨著我走出了展覽場。

　　與其它陳列的照片相較，紅門的尺寸並不大，它被安插在「門之系列」的組合當中，不是最美，也並不特別的凸出。但當我的目光與之接觸的瞬間，那遙遠的熟悉，卻莫名的觸動了我的內心。

　　在印象的回顧裏，這類紅漆大門，經常出現在當年台北的大街小巷中，而我生平的第一個「老」朋友，就住在這樣的一個紅門內。

　　剛入強恕中學唸初一時，童心未泯的我仍常在午休時間，與同學們玩躲迷藏遊戲。我很會躲，從來也沒被逮著。我曾經躲進校園膳房後院，還爬入那約有兩三層樓深的枯井內，直到下午課的鐘聲響起。

　　有一回，我躲進校園一角的木屋中。那是學校特別為教職員們建造的宿舍。

　　我見一扇敞開著的門，又看四下無人，便俏俏地躲進了門後。哪曉得沒過多久，竟被突然的鼾聲嚇得將門碰出聲響來。

　　「誰啊？」有人問。

　　當我忐忑地探出頭，才發現有一位長者正坐在書桌前打盹。這位教高三國文的湯念庸老師，頭頂光禿又身體微胖，模樣頗似小號彌勒佛。

　　他和藹可親的瞇起眼睛耐心聽我招供，使我放鬆了待罪的緊張心緒。

　　我注意到靠牆邊的書架上有許多書，那些書籍大多是跟著湯老師一同顛沛流離到台灣的寶貝，他說隨時歡迎我去借閱。此後，我躲迷藏的樂趣遂讓閱讀所取代。

　　湯老師的宿舍不大，長形的房間，近門口處擺著簡單的茶几、藤椅，中段左邊靠著小窗的是書桌、靠著右牆是書架，櫥櫃及兩張床佔滿了後段的空間。原來他還有個在政治大學新聞系唸書的兒子與他同住。

　　雖然我三不五時的會去拜訪湯念庸老師，但卻很少遇到湯老師的兒子湯宜莊。我上學時，他也上學去了。但曾經見到他，身著大學生的黃卡其制服套裝，修長挺拔，好不神氣。他雖面似友善卻從不說任何話，只是很

安靜的擦身而過。

湯老師行動不太方便，像一般的老爺爺需拄杖而行。他似應早些退休，但他直等到兒子大學畢了業，找到了工作，才結束了他一生的教職生涯，遷出了學校宿舍。

此後我與湯念庸老師就以通信聯絡。在一封信裏，他告訴我湯宜莊娶了媳婦，他們已遷到一棟較為寬敞的房子裏，邀我有空去坐坐。

我按址尋訪，找到了一棟圍在牆內、兩層樓的日式住宅。按了很久的門鈴，湯老師才來開門，他說：「眼力差了，行動遲緩些。」

湯老師很高興，滔滔講述他兒子在報社的工作情形，以及媳婦在銀行上班的狀況。

我讚美這新環境：「這住宅挺不錯，前庭還有樹木花草。」

湯老師說：「這房子是暫時租的，是蠻好的，」他指指窗外，「尤其那棵大榕樹，可真帶來不少的清涼。」

我注意到湯老師的手指甲相當長。他解釋著：「不是故意留的。因視力不好，恐怕剪到手。兒子上夜班很辛苦，白天須補充睡眠，不便打擾，媳婦還是新娘子，不

好意思嘛！」

　　我說：「告訴我剪子在哪兒，讓我來幫您剪。」

　　這是我生平第一次修剪他人的指甲。

　　在另一次探訪時，我見到了湯家媳婦，她懷了身孕在家中安胎。聽到聲響，她走下樓來，靦腆地打完招呼，並給我們泡了茶，說了：「你們好好的聊聊！」就又上樓去了。

　　我對湯老師說：「您這媳婦可真漂亮。」

　　湯老師立即回道：「可沒妳漂亮！」我忍不住偷笑，心想他的反應還挺快的。以他目前的視力根本看不清楚媳婦的長相，更遑論我這些年來的變化了。

　　湯宜莊努力的工作，經濟有了基礎。為了即將到來的小寶寶，他已預訂了一戶新建國宅。湯老師說，待興建完工就會搬去新家了。

　　此時我的學業即將告一段落，正開始為著下一階段的人生規劃而忙碌。收到湯老師的來信，地址已換了，他歡迎我去他們的新家。

　　轉乘了幾輛公車才抵達三張犁，該地區好像曾經是打靶練習場，在改變土地用途後，開發興建起好幾組並排的國民住宅。每個房子的格式、大小相同，相連的圍

牆中，都嵌有一扇紅門，代表是一戶人家。

　　走在這新建成的社區，腳下的道路還是黃土沙泥和碎石，樹還來不及種，野草也還沒空長出來，而那一排排非常整齊的房屋，看來好像是沙漠裡的海市蜃樓。

　　我依著信封上的住址，找到了湯念庸老師的新家。進了紅門，就見到小庭園裏插了幾株還在適應期的小綠綠。我想湯老師一定巴不得它們快快成長。

　　喬遷新宅又添了孫，雙喜臨門。升格當祖父的湯老師樂得眼睛瞇成一條細縫，好似已到達了人生圓滿的目標。我為他高興，也分享了他的滿足感。

　　我告訴湯老師我將要出國的計劃，並答應，臨行前會來向他辭行。

　　直到一切就緒離台在即，我特別抽空要去向湯老師道別，卻是怎麼也找不到那封註著新址的信了。我不願放棄諾言，心想，憑自己絕佳的記性，找到他家應該不難。

　　那個夏日午後，我才剛踏進這已栽種了新樹苗的社區，就幾乎已確定，我高估了自己的記憶力。

　　面對著一排排同樣的房子，我開始憂慮了。在熾烈的陽光下，我心裏也不停的滴汗。我一邊責怪自己的疏

忽，一邊惱怒自己竟被這些一模一樣的紅門懾住，像傻子一般對著它們發呆。

在這些排紅門前，我走過來，走過去，閱兵似的，就是不敢確定倒底是哪一組的哪一家，掏空腦門努力回憶都無一絲線索。

不肯就此罷休，我硬起頭皮用最笨的方法去試運氣。走近一扇紅門，我對著屋裏大聲喊著：「湯老師！」猛不防，一隻惡犬在門內對我狂吠，嚇得我心驚膽顫拔腿狂奔，深恐它會衝出門來。待心神甫定，才想到這法子行不通了，湯老師的聽力似不很靈敏。

黃土沙地靜靜的在烈日下曝曬，時間分分秒秒的過去，我感到自己正像熱鍋上的螞蟻。

終於又鼓起勇氣，我走到另一扇紅門前，按下門鈴。門一開，就知道錯了。打聽可知一湯姓人家，還將湯老師的模樣形容了一番，只見左右搖擺的腦袋對著我晃動。又接連試了幾家，還有正在午睡中被我吵醒，帶著惺忪睡眼來應門，這樣的去打攪人家，使我感到很過意不去。

好不容易，見到一位單車騎士，在飛揚起的一片塵土中出現，抱著希望趕緊上前搭問，這人搖著頭又繼續

往前行去，揚起更多黃色的沙塵來。

　　我覺得，腳下的黃沙都已被我踏實了。失望的，我盯著這些紅門悵惘不已，抹一抹汗水，拖著沉重的腳步，慢慢地往社區出口走去。

　　再回首，凝望那一扇扇的紅門，它一組組的，排列到遠遠的另一端，愈來愈小，早已看不見它紅色的身影。但我這被摒拒於紅門外的影子，正映在仍微燙的黃土沙地上，讓逐漸西斜的夕陽拖得長長的。

　　看到這久違的紅門，不禁勾起我長埋在心底、對湯念庸老師失信的歉疚。沒想到，一扇紅門，竟然成為這段情誼無奈的結局。

　　　　　　　　　　　　　　　　　　～2007

情書槍手

剛進大學，我就開始計劃，畢業後到日本去深造。我列了幾項十分充足的理由：一、日本離臺灣近，想家的時候可以很快就回家；二、它是母親成長的故鄉；三、日本有親戚，萬一出狀況，投靠有門；四、父親早年曾在日本留學，日文造詣與中文一樣好，學習日文若有問題，還可向父親討教。既然決定了未來的方向，暑假時，我就去日語補習班註冊。

或許因我的學習態度認真，日文老師對我特別關注。有一天，日文老師對我說，她有個朋友或許可以幫助我進步得快一些。這位朋友，是剛被公司派來台灣的日本青年，他也正想學中文，老師認為我們可互換學習。

第一次與椎名正川見面，是在一家距他公司不遠的西餐廳。那天我還帶著字典、課本、筆記、紙、筆，一本正經地去見新老師，也是新學生。

我的日語，距運用自如還差得遠，因此上交換課時

要猛翻字典、比手畫腳、有時還得在紙上畫圖表達，甚至一急起來連英語也參一腳出口；而椎名正川除了他的本國語，好像沒什麼語言天份，他也不如我用功，因此進步很有限。

有時朋友、同學等團體的郊遊活動，我會邀椎名正川參加順便上戶外課。

某日，參與陽明山賞櫻花之旅。他帶了相機，為我拍了許多花叢樹間的留影。幾天後，他交給我一個厚實的信封袋，我打開一看，立時驚呆了。椎名解釋說，他告訴照相館各洗兩張(還伸出兩隻手指頭)，結果不知是否相館存心詐欺，竟每張照片都洗了兩打。於是椎名表示，我們各分一半留念。我當時拿著幾百張照片，真是哭笑不得。

椎名正川調回日本後，來信說希望能繼續友誼。我寫的回信，其實都經過父親修改後再重新謄寫才寄出，著實花了不少功夫。後來覺得這些平假名、片假名看來簡單學來似比英文難，也逐漸失去了興趣(其實是當時思想的改變，感到世界之大，何止於日本)。因此有時收到椎名正川的來信，就推說自己功課太忙拜託父親代回。父親難得有機會重溫年輕時的留日舊夢，也趁此機會發

揮一下，以證明自己寶刀未鏽。此後父親就不知不覺地開始與椎名書信往返。我也無意聞問，好像這全不干我的事一般。

直到有一天，父親讀完椎名正川的來信很不開心地，板著臉將椎名的信丟給我，說：「以後，我再也不管妳的事了！」我莫名所以，怔望著父親生氣離去的背影。

椎名正川很久未收到我(父親)的回信，請日文老師來打聽，我這才知道，魚雁往返的結果，這小子動了真感情，對我(父親)萌生愛意了。而平日道貌岸然，不苟言笑的父親，竟糊里糊塗當了我的情書槍手。

在我追憶父親時，想起這段往事，彷彿看到他老人家在天堂裡還無奈地搖著頭呢。

～2007

舊照招領

　　想當年，每逢驪歌響起，畢業生們紛紛將自己的照片送到照相館加洗，以分贈同窗，作為留念。照片背後，除了自己的名字，通常還會加上一句「勿忘我」之類的友情叮嚀。

　　好友家存見我毫無動靜便好意提醒。我卻表示，不準備跟隨習俗去大量沖洗、分送照片。她對我翻白眼，怪我無情無義。我解釋了心中的想法與感慨，認為誠心送出去的照片，最後的歸宿，很可能就是垃圾桶。她耐心聽完我的分析，認為我想得太遠，卻又言之有理，便也跟進。

　　為了不破壞同窗的友誼，凡有同學索照，我仍會不計後果地奉上。或許，在日後想起我時也可有個依據，免得日子一久便消失在遺忘中。而同學們主動送照片給我，我也都好好珍藏，以不辜負贈者的情意。

　　自小學、初中、高中、大學，我所保存的同學照片，

已裝滿了一盒子。雖然明知有一天，當我告別人間，這盒照片，將會如我當年所預見的，會被視為垃圾來處理了。由於自己念舊、惜物的本性，這一盒子的照片竟隨著我飄洋過海來了美國。

若干年前，趁返台之便，我特別帶給家存一張她與妹妹們在住家門外合影的老照片。如今，照片上的背景早已物換星移成了公園的一部分。在經歷了住屋拆遷，手足各自婚嫁遠離，又父母雙亡後，看到這張連她都沒有的照片，真是十分驚喜。雖是一張黑白舊照，卻仍能觸動深沉蘊藏的溫情，對影中人而言它是非常珍貴且具歷史意義，她將它翻拍了分贈妹妹們以做為回味往事的紀念。

每當我在整理、去除舊物時，對這盒照片，總是不捨的想著這些影中之人，在這些年環境不斷的變遷中，是否會有失去值得紀念舊照的遺憾？這些照片對於他們的家屬及後代，是否會有某些特殊的意義或價值？心中遂有了想讓那些舊照回歸原主的念頭。

在數碼相機尚未發明的年代，這些黑白照片，走過了漫長的光陰隧道，雖然有些已開始泛黃，但它真實地記錄了一個個曾經擁有的花樣年華。

有一位老同學收到舊照後，很寶貝地隨身攜帶，不時取出來炫耀，證實她曾經「口說無憑」的窈窕淑女模樣，僅聞眾口讚嘆之聲，就足以讓這老奶奶開心好幾天。

自從遠離了故鄉，又忙碌於適應異地的生活，我早已與多數同窗老友們失去了聯繫。如今拜新科技之賜，藉著無遠弗屆的網路，上網尋人並非難事，還可將照片上傳，來個「舊照招領」。我想，這一盒「勿忘我」未來的命運，還是讓它自己來做決定吧。　　～2012

作者(前排左一)至今仍懷念愛穿旗袍的郭碧蓮老師和同學劉文珠、何　蕙、袁孝棠、雷　娜、羅桂英、鍾蕙蘭、王芝玉、呂小麗……

舅舅的血統

　　正在台北時，弟弟安排我去參加他友人主辦的活動。主辦人表歡迎之意，並向大家介紹我這遠來的客人。活動結束，一位女士帶著微笑向我走來，說與我有親戚關係。

　　我納悶地望著她，卻始終認不得眼前這位親戚。

　　她淘氣地解開尷尬，「其實我們從未見過面，但我認識妳弟弟。」她說，「我的公公，是你們的舅舅。」

　　我感到非常地意外，原來她是我舅舅的兒媳，我表弟的妻。憶起許多年前那還正在牙牙學語、跟蹌習步的小表弟，轉眼竟已成家立業了，時間過得真快啊！

　　提起舅舅，表弟妹秀菊說，「公公已作古多年了。」舅舅的模樣，在我腦海裡，是無法磨滅的深刻，然而，卻始終定格在我幼年時期的印象中。

　　我仍清晰記得，小時候生活的日式住屋，那放置被褥的雙層儲物櫃。儲物櫃外的紙門很輕，朝左右兩邊推

拉即可開關，那是我祕密的避難所。舅舅的聲音就像警報，只要一聞其聲，我便趕緊鑽進儲物櫃中躲藏，有時因躲得太久，竟在裡頭睡著了。

舅舅不僅使我感到害怕，我兒時的同伴們也都對他感到非常害怕。

小學時期，我常與鄰家孩子們在巷子裡玩耍。我們這條 101 巷，形狀酷似酒瓶，由羅斯福路二段進入這巷子中，必須經過狹窄的瓶頸。這細長的瓶頸，窄得連三輪車都難以擠入，因而巷內車少人稀，十分安全，整個瓶肚就成了我們這一幫孩童嬉戲的地盤。

那天，如往常一般，大家圍在我家門前打彈珠。輪到最年幼的小飛出手時，突然面朝瓶頸方向的幾個同伴倏地站了起來，轉身拔腿就跑。我扭頭一看，說時遲那時快，也立即跳起來飛奔，往鄰家的門柱找掩護。背對著瓶頸的小飛，仍全神貫注，渾然不覺。直到發現大家都已鳥獸散，才莫名奇妙地站起身來，遲了！舅舅的腳踏車已戛然停在他身旁。我靠著鄰家的門柱探出半個頭偷瞧，只見可憐的小飛，褲襠上頓時染上了一大片水墨。

對我們這一群，打自出生起，就沒見過什麼世面的孩童而言，舅舅的長相真是挺嚇人的。

　　舅舅體型比一般人粗壯，他有著一頭褐色的捲髮，粗濃的眉，捲翹的長眼睫，高聳的鼻梁，他的臉龐大半都讓鬍渣兒給侵占了，而他的全身也幾乎都是毛。在炎炎的夏日，他有時耐不住炙熱而打了赤膊，我遠遠地見到，他布滿了褐色捲毛的不僅是雙臂，竟還有胸膛。舅舅眼珠的顏色也很特別，但我一直不敢近距離端詳他，因此無法確定到底是什麼色，直到我上了中學。

　　離家不遠的南昌街上，新蓋了一家「國都」戲院，與另一家放映國片的老「明星」戲院隔著狹長的美食街互別苗頭。「國都」放映的西洋影片令我大開眼界，我幾乎沒錯過任何一部電影，有時見到銀幕上的男生，就會聯想到舅舅，對他的恐懼感逐漸消失，甚至覺得他比銀幕上的男影星還好看，尤其是那雙藍灰色深邃的眼。

　　舅舅很孝順，三不五時來探望外婆，外婆當他心肝兒般地愛。母親雖也很孝順，還特地在庭院一角給外婆蓋了一棟小磚屋，並提供她的生活所需，但外婆似乎並沒把母親當寶貝來疼。據我觀察發現，外婆對待我與弟弟的態度也很不一樣，我因此琢磨出一個結論，外婆有著非常重男輕女的封建思想。為免招惹外婆討厭，我從此就儘量不去磚屋逗轉；舅舅每次一進我家門，打完招

呼，就往磚屋去陪伴外婆；因此我與外婆、舅舅就有了距離。

舅舅成家後，曾接外婆去同住，但舅母生了一女嬰，外婆並不開心，又婆媳不睦時有摩擦，於是外婆便又遷回了磚屋。

我對於這舅舅長得既不像外婆，外貌也與我母親相去甚遠的事實，開始產生好奇與懷疑，是由於迷上了推理小說所受到的強烈啟發。可惜，就在我剛對外婆的人生，有了全新的認識時，外婆已與世長辭了。

沒想到，在那遙遠的時代，裹著小腳的外婆，竟是一位果敢又堅強的前衛女性。外婆在遠嫁東瀛的次年，產下一男，為三代單傳的夫家延續了香火，舉家歡騰不已。惜不多時，男嬰竟罹病夭折，這突來的打擊是外婆一直難以撫平的傷痛。在母親之後，再無所出，外婆不得不承受著家族無形的壓力。

外公誤交損友後，經常與紈袴子弟花天酒地，甚至沉迷鴉片菸。外婆百般苦勸無效，絕望之餘，毅然決定放棄榮華富貴，帶著母親離家出走。

母親無端成了無父的孩子，在成長過程中，可能曾與外婆有過齟齬、摩擦，而導致母女本應親密的互動受

阻。

　　舅舅的出現，使外婆在精神寄託上獲得莫大的慰藉。

　　那是一個秋末的午後，舅舅突然走進了外婆的生命中。外婆正在前庭掃著落葉，突然天際蹦出一聲雷響，嚇了外婆一大跳，旋即傳來嬰兒的啼哭聲，外婆循著哭聲走向門口，打開大門一看，門外竟然躺著一只籃子，嬰兒的吶喊聲正由籃內包裹的毯中傳出。

　　外婆左顧右盼並不見任何人影，天色灰陰，似大雨欲來，她抱起嬰兒往屋裡走，嬰兒竟乖巧地停止了啼哭。外婆打開被褥，赫然發現，這嬰兒面容奇特，根本不像一般日本娃兒；外婆完全沒有心理準備，立時陷入既驚又愁的情緒中，一時不知該如何是好；她正盯著這身世不明小棄嬰發呆，不料此刻嬰兒竟咧起嘴笑了，外婆大為感動，頓生憐愛之心，繼而又發現他是個男嬰，更是十分驚喜。

　　外婆的左鄰右舍圍著嬰兒品頭論足，眾口一致斷定，這嬰兒的生父必是曾駐日的美國大兵，因此舅舅應該是美日混血兒。

　　外婆倒不在意這嬰兒的身世，卻想著，這份緣，或許正是上天的美意，為彌補她曾失兒的悲痛所賜。外婆

心存感恩地將他擁入懷中，從此細心照顧，疼愛有加，還給他取名為「天賜」。

外婆與友人合夥經營的食堂，成了附近早稻田大學中國留學生常聚會的地方，甚至還有學生長期包伙食，父親亦是包伙團友之一。父親在學成歸國前，獲外婆首肯與母親完成了終身大事，不久他們一同遷回國內生活。

多年後，外婆也決定結束旅日生涯返國定居。我初見外婆、舅舅時，已是三歲小娃了。

外婆逝世時，舅母其實已懷了第二胎，可惜外婆沒能親眼看見這孫兒。

隔年，舅舅一家決定搬去舅母的家鄉——台南。他們一家四口來辭行，這即是表弟在我記憶中唯存的印象。從此，舅舅一家對我而言，就像斷了線的風箏，遠遠地飄出了我的生活範圍。

我對小表弟成長後的模樣頗感好奇，問秀菊：「妳的先生長得像妳公公嗎？」

秀菊答：「不很像，但他有二分之一的德國血統。」

「是嗎？」我十分驚訝，「說來聽聽。」

秀菊於是轉述了她公公的身世，這都是她的婆婆，即我的舅媽告訴她的。

　　第一次世界大戰剛爆發的當時，外婆僑居日本的一對德國鄰居，有緊急事務得趕回國去處理；因恐舟車勞頓，又帶著嬰兒諸多不便，便委託外婆代為照顧，言明事情辦妥即來接回嬰兒。但幾年過去，直到大戰結束都再無任何他們的消息。於是外婆便正式收養了舅舅，視如己出地將他撫養成人。

　　我還是初次聽到此說，感到異常吃驚。猜不透，這故事的編劇難道會是外婆？還是舅舅？或是舅媽？

　　「所以，我公公是百分之百的純種德國人。」秀菊很驕傲地說。

　　「可是，我所知道舅舅的身世，與妳講的完全不同。」我迫不及待地要炫耀自己的情資。

　　對秀菊說完了有關舅舅來歷的情節，為鞏固我自小堅信不移的版本，我又強調：「我認為我的故事較為合理，也較符合人性，妳想，誰會將懷胎九個月的婚生子託付給外人呢？再說，如果舅舅是個純德國人，他的個頭還沒我純中國人的父親高呢，可見舅舅應該是有一半日本的血統。」

　　靜靜聽完我的分析，「也許是吧！」秀菊淡淡地回應。發現秀菊臉上顯出落漠、失望的神情，我才突然覺

悟，為逞一時之快，我無意中破壞了一幅她心中美麗的圖畫，但我的懊悔已遲。

「表弟一家近幾年才遷來台北，」弟弟說，「大家各自忙碌不常會面。」於是，在我返回美國前，他邀請表弟全家齊來共敘。

弟弟談起當年他在南部讀大學時，經常往舅舅家跑。他稱讚舅舅聰明，悟性高，樣樣事無師自通，他向舅舅學了不少的技能，直到今天還感到獲益匪淺。

飛往紐約的飛機，正在層層疊疊的雲團中穿梭，機窗外，白茫茫的雲霧，仿如舅舅的身世。舅舅到底是德國人？還是美日混血？哪一個版本才是真實正確的？在搖晃中，飛機終於突破雲層，重見了青天，而舅舅的血統，卻是永遠尋不著真相的謎。

老實說，無論舅舅是什麼血統，其實都已不重要了。我一點也不在乎，而天上的舅舅會在乎嗎？

我僅知道，我曾經有過一個舅舅，那也是我唯一的舅舅，他的名字叫「天賜」。

～2014

菜場三部曲

　　民以食為天，談到食，不免要想到食品供應大宗的超級市場。

　　在我來美國之前，台灣正處於開發中國家的階段，一般人民生活水平不高，僅能維持溫飽而已。當時沒有超級市場，許多菜市場是小販們集中在一起做買賣形成的。也有些日據時代所遺留的菜市場有整片的屋蓬，裡面並有已規劃好的水泥攤位架。流動販子沒有固定攤位，只要在菜市場周邊覓得空間，露天也照樣可擺起地攤來做生意。

　　有生意頭腦的菜販，常以幾根蔥或小塊薑當贈品，爭取基本顧客。對熟客，還讓賒帳、代為訂貨等，買賣之間充滿了人情味。

　　市場內，生食、熟食、半成品應有盡有。為了食物的新鮮度，魚販會當場剖魚去鱗，雞販、鴨販也會將你在籠子裡挑選的雞鴨當著你的面剁殺起來，恐怖的血腥

印象，至今難忘。

　　在亞熱帶的台灣，天氣常是潮濕悶熱。市場內的水漬，加上擁擠的採購人群，感覺除吵雜，紊亂外，還有一股難聞的氣味，但卻又好像是菜市場該有的氣味。

　　來美國後，初到這兒的超級市場，就像劉姥姥進大觀園一樣的興奮，見各種蔬菜水果排列得美觀動人，魚蝦肉類都分別包裝得整齊乾淨，糖鹽醬醋、米麵雜糧、糖果餅乾、各式飲料、罐頭應有盡有，還有家用器皿、用品等，都按其屬性分類，一排排的陳列在架上。超級市場裏既寬敞明亮，還有冷氣設備，踩在清潔溜溜又無異味的磁磚地上，即使不買任何東西，走在其中也令人神清氣爽。在超級市場買菜，不須論斤論兩討價還價，也不必爭先恐後，大家各買各的，井水不犯河水，少了人情味，卻也很乾脆。

　　在那時，紐約華人集中的法拉盛區還很荒蕪，要買中國東西都得長途跋涉到曼哈頓的中國城。中國城的商店、餐館也僅只幾條街，尚無今日的規模。

　　近年來大量華人移民湧入法拉盛，基於市場的需求，中國超市一家接一家的開張。中國人是講究美食的民族，在飲食上的消費力是很驚人的。超市生意可說是

潛力無窮，商機無限。

中國人在此開的超市兼具了西人超市的優點，物品陳列多半整齊美觀又新鮮，不但一般西方食物一應俱全，各種中式食材、南北雜貨也都不缺。到大型的中國超市走一遭令你眼花撩亂，嘆為觀止。豐富的家鄉口味食品，使遊子思鄉的情緒藉此得到紓解。

中國超市內幾乎每家都有海鮮及肉類專賣部，各種魚肉都能依顧客的要求當場切割，這是一般西人超市沒有的服務，中國超市讓要求新鮮的顧客多了一種選擇，也因此中國超市的氣味就不如西人超市清爽。

現在的中國超市供應食材相當齊全，日常生活所需，只需跑一趟就可完全搞定。我們能有今日飲食的享受、烹調的樂趣、營養的補充，此幕後功臣當推超級市場莫屬。

～2008

包　餃　子

　　翻出一張布滿密密麻麻筆跡的紙，上端空白處，還畫著一個大餃子，餃子餡中裹著一行 12-26-1989。顯然，這是我當年有感而發的筆記。

　　好奇心促使我戴上老花眼鏡，要仔細瞧瞧，這片字跡潦草，又已不復記憶的文字——

　　張神父回來了，他離開紐約，遠赴中國大陸傳教，一去就是十幾年。張神父在電話中說：「大家好久沒在一起聚餐了。」一瞬間，過去的美好景況掠過我的腦海，不假思索地，我脫口道：「好啊，大家一起來包餃子……」張神父打斷我，「還包什麼餃子？買幾袋回來煮就行了。」我倏然被拉回現實。真的，這年頭，買幾袋回來煮就行了，還包什麼餃子？

　　回溯初抵紐約的六〇年代，那時當然還沒有中文電視，只偶爾能讀到過期的《中央日報》海外版，社區中既無華人社團活動，也鮮有道地的中國餐館，物資齊全

的華人商店更是鳳毛麟角。想一嘗像樣的中國菜餚，或探買中國乾糧雜貨，就必須長途跋涉遠赴中國城。在中國城裡，又得忍受當地唐人的歧視，因不諳粵語，溝通有如雞同鴨講，就算有張黃皮膚的中國臉，也沒人當你是同胞。

張神父很有心，為離鄉背井的海外遊子，提供了紓解思鄉愁緒的場所。青年學生受他的邀請，常在他的辦事處包餃子聚餐。

一回生，兩回熟，不多時，大家就水乳交融，打成一片了。以後，每逢節日，張神父的辦事處就熱鬧滾滾。不由分說的默契，凡進了場的，都會自動地挽起袖子，各盡本能，剁肉的剁肉，洗菜的洗菜，揉麵的揉麵，擀皮的擀皮，包餡的包餡。又互相交換彼此的生活體驗，分享自己在異國所鬧出的笑話，引起的共鳴，使得會心的笑聲不絕於耳。

眼見一個個白胖胖的餃子，由熱騰騰的鍋中撈出來，大家迫不及待唏哩呼嚕地分享共同的成果。才一會兒，聽到這邊嗆著：「這是誰包的餃子？手藝真好，水餃盡是開口的。」那邊則駁道：「分明是撈水餃的技術高超，給撈破的。」就這麼左一句，右一句地抬著槓，沒機會

插上話的，就以笑聲來伴奏，大家被逗得嘴裡的餃子都要跳出口來。眾人胡鬧著，直到一鍋子的水裡再也撈不出半個餃子。

有人起了頭，盛了碗餃子湯，喝得嘖嘖讚好。大家又爭先恐後地圍著鍋子舀湯。那些破了口的餃子，可給這一鍋熱湯平添了不少滋味。那先前被取笑手藝差的可有話說了，撈水餃的也來搶功勞，一邊後悔剛才還死不認錯地辯解，一邊卻隨著眾人咕嚕咕嚕地將一碗的餃子湯直往口裡送。這餃子聚會，總是充滿了歡愉的氣氛，洋溢著家人一般的溫馨。

二十年後的今天，一些家庭主婦已意識到，餃子，是個成本有限、而商機無限的生意，都把握了時機，爭相發展水餃事業。攤開中文報紙，見有劉太太、張太太、周太太、李太太等，各家太太們宣傳自家水餃的廣告。一百個鮮肉水餃才十五元，有蝦肉、素菜等各種選擇，客戶打電話訂購，還有送到府上的服務呢。

張神父果真準備了好幾袋現成的餃子。大家魂不守舍、無聊地坐著，等待餃子出鍋。偶爾，與身邊不太熟悉的各路人聊些不關痛養的話題。過去曾一起包餃子的同伴們，早在幾年之間，為各自的學業、事業、家庭，

已勞燕分飛散至各處了。

　　一盤盤飄著熱氣的現成餃子，終於由廚房裡端了出來。在張神父的一番祈禱祝福後，大家齊擁向桌邊，取了紙盤，盛上餃子，再夾上一些不知是誰貢獻的私房菜，又各自回到座位上，默默地咀嚼著自己盤中的食物。同樣是餃子餐，雖然滋味也香，感受卻是大不如從前。

　　直到桌上的盤子全見了底，這個起身說，有點事得先走一步；那個也說要趕往他處去。不一會兒，全屋都空了，只剩那一鍋乏人問津的餃子湯，仍靜靜地留在廚房的爐子上。

　　光陰荏苒，人事已非的惆悵，匆匆地，又過了二十多年。而在 2012 年的今天，華人超市已是櫛比鱗次，太太們的水餃也早已登堂入櫃，與一些著名老牌廠家，一齊並列在各大超市的冷凍食品櫃中，各領風騷。

　　現在的聚會場子裡，餃子，已不再是餐桌上的主角了。隨著愈來愈多的華人湧入，多得數不清的餐館、飯店也如雨後春筍急驟林立，有各種中國地方口味任君選擇，大快朵頤之際，對家鄉的懷念也就不再那麼執著。

　　時代進步，日新月異，更別提飲食的花樣。若說，我仍惦念四十餘年前那美味的自製餃子，倒不如說，無

法忘懷的是那純樸年代分工合作的餃子餐會。令人回味的歡樂時光，與相互取暖的溫馨，它適時地沖淡了精神上的孤寂、空虛、苦悶與傷感。此時此刻，我突然思念起張神父來，但是，已經很久很久沒有他的消息了。

～2012

背後的一雙眼

　　父親一如往常散步街巷，沒料這回竟遭蠻車撞倒，肇事者逃之夭夭。救護車趕到時，父親已是滿頭鮮血，陷入昏迷。

　　父親的頭部共縫了四十二針，外加右足踝骨折。這是向來強健的父親不曾經歷過的重創。

　　當我得知這消息時，竟然已經是過去好一陣子的事了。台北的家人疼惜遠在紐約的我，總是急報喜，緩報憂。

　　我趕回台北，看到父親仍坐在一向最愛的書桌前，面向著窗，閉目養神。

　　窗外，那一塊小圍圃的花草樹木看來有些雜亂。自父親邁入老年階段，居家生活除了閱讀、練書法之外，養花蒔草、修枝剪葉、澆水施肥，也成了他喜好的休閒活動。

　　陽光，由樹隙花葉間鑽了進來，更清晰地凸顯了父

親消瘦憔悴的面容，使我不禁湧起一陣心酸。

父親的傷口幾乎已平癒，但他得穿上一只特製的鞋，以維持身體的平衡。家人還悄悄告訴我，他失憶了。這場意外的車禍，父親不但破了頭，也壞了腦。

我向父親招呼問候，他茫然地望著我微笑不語，沒有任何驚喜的表情，也不覺得他有在努力思考近在眼前的是何許人？

在家的幾日，我盡可能陪在父親身邊。為他翻看舊照片，給他說些從前的趣事，他總是對我說：「謝謝。」

到了我必須離開的時刻，我親了親他額角的傷處，在他耳邊說：「我該走了，會再回來看您。」

父親掙扎著要站起來，我撫按著他的肩背：「不用送我。」

然而，我還未走到玄關口，他已起了身，我只好再回頭去攙扶他。

到了玄關口，我說：「您進屋裡去吧，我自己帶上門就行。」

但他的身體，似乎很堅決地要朝往大門口移動。

我強忍住離別的愁緒，給父親一個擁抱，請他多保重。我頭也不敢回地加快腳步，只想早些離開他的視線。

　　我確信，在我的背後，有一雙哀傷的眼，正依依不捨地盯著我遠去的背影。

　　我突然驚覺到，他必是記起我了。一時間，我那早已盈眶的淚水，終於再也無法控制地決堤。

　　　　　　　　　　　　　　　　　　　　　　　～2014

消失的梅子

　　救火車由四面八方呼嘯著急聚在不遠的前方，濃濃的黑煙，正逐漸擴大污染著天空。龜行的車流，全被堵在街口。只見強力的水柱，齊齊噴向正在竄燒中的樓宇。緊鄰的商家、員工及居民，都避到馬路的對面聚集，焦慮地望著那不斷竄升起的熊熊大火。救火員竭力壓制火苗的漫延，但那紅色的火燄，仍不停地跳躍。焦慮的群眾，有人合起雙手口中唸唸有詞，在努力祈禱。

　　親眼目睹了火災的景象，不禁令我想起好多年前在台北，面對所熟悉的建物經歷火劫後的失落感。我塵封的記憶中，浮現了小學同窗──林梅子。

　　由於家境關係，林梅子在小學畢業後，就沒再繼續升學。我上中學時，每天都得經過她家。習慣性地，總會往她家裏瞧瞧，卻從不曾見到她。

　　林梅子的家，面朝著大街，和左鄰右舍的商舖一樣，門面總是大大開啟著。可是她家不做買賣，林梅子的父親是個修鞋匠，經常在家門口為人修鞋。照理說，這應

當是個修鞋舖了，但，這看似一覽無遺的舞臺，卻是她一家人的整個生活空間。

　　路過的人都能清楚看到，修鞋舖內的右側，有一個木板搭建的大平台，平台的四角以較粗的木條固定，透過掛著的蚊帳，隱隱可見一堆疊起的被褥衣物，這克難平台就是她一家大小共用的床，也可說是臥房。除此就再也沒有其它隔間了，要有，就是有片布簾圍掛在左側角落上。

　　林梅子是老大，下面還有幾個弟妹。林梅子的父親，為養家糊口，每天埋頭修鞋。他很瘦，因不常剃鬍刮鬚，我始終看不清他的容貌。他的健康狀況似乎不好，我聽見他咳嗽，常常聽見。

　　上學、放學時，我都會看到林梅子的父母弟妹，在那敞開的家中活動。雖然，有時我也想知道很久未見的林梅子的近況，但始終沒有勇氣開口打聽。

　　有一天，我走在小巷子裏，迎面來了一個大腹便便的女子，待走近了，我才意外發覺，她竟然是林梅子。面對著這突然，我一時張口結舌。林梅子的表情更令我難忘，在認出我的剎那，她羞慚地低下通紅的臉，並以極快的速度由我身邊擦過。我驚愕地望著她急促離去的背影，那是我最後一次看見她。

　　後來才聽說，林梅子的父親得的是嚴重的肺病，昂貴的醫療費是一筆極沉重的負擔，林梅子毫無選擇地成了祭品。為了她的父親與家人，她不得不委身於一位六旬老翁為妾。在物資貧乏的年代，總要有人做犧牲。這是我的同學林梅子，在她大約十五歲時的命運。

　　一個星期一，我一如往常走在上學的路上，突然發現林梅子的家與緊鄰的舖子全消失了，只留下殘破焦黑的廢墟，還散發出焚燒後的氣味。祝融之災發生在周末，這一排全是木搭的矮房，如何經得起一把火呢？想到林梅子一家人，我心裏竟隱隱地作痛起來。

　　又隔了好些時日，那地點浴火重生，建起了商業住宅連棟磚屋。接著，騎樓下開了一家又一家的新舖子，我一直特別留意，卻始終沒見到一家修鞋舖。

～2017

靈 命 交 匯

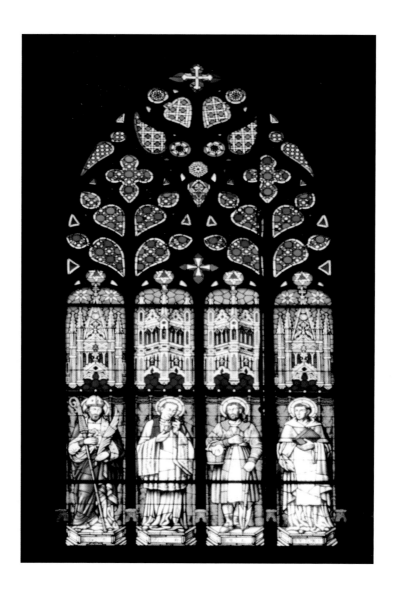

命運舞曲

　　這年頭，許多夫妻檔，尤其是空巢期的老夫老妻，時興學跳國標舞。我一向愛跳舞，但外子卻一直堅稱他沒有舞蹈細胞，怎麼也不肯去學。

　　其實，婚前我早已知道，只是自以為總有一天能感化他，使他生出興趣來。但是他對我的頻頻規勸誘導、軟硬兼施，卻搬出「己所不欲，勿施於人」的大道理來，還一夫當關地打退我所派去的各個遊說團。

　　三十年過去，我不但沒能使他改變主意，反倒被同化，終於將「跳舞」這一項目，由我的人生樂趣中刪除。

　　回想當年他追求我時，每回參加舞會，總要拖著他的小弟同行。他小弟體型較高大，還是個舞林高手，在舞池中遊刃有餘，總能隨著樂曲舞出各種舞步來。

　　小弟當時尚無固定女友，於是凡有舞會活動，他就自然成了代理舞伴的不二人選。外子也就心安理得的在舞池旁「坐陪」。我和他小弟在跳舞一事上默契十足，當

時大家都誤以為我們是一對了。

　　這三人行的青春往事，在記憶中已相當遙遠。有趣的是，誰也沒料到，小弟後來成了家，卻自動封步未再涉足舞林。原來他竟然娶了一個不愛跳舞的女子為妻，真是令人跌破眼鏡。

　　這該怎麼說呢？世界上的事，可真是沒個準兒。

～2007

投胎轉運站

在機場內等待轉機，見到旅人們拖著行李，背著行囊，不停地經過我眼前，不知他們由何處來，又將往何處去。

看著一張張不同的面孔，有些顯示著喜悅、興奮，也有些籠罩著疲累、緊張，甚至還有些寫著憂慮、茫然，似對未來感到徬徨。

旅人握著登機證，朝向既定的登機口走去，走了一批又來一批，一個個走進登機通道，一個個消失在我的視線中。

經過通道，登上了飛機，不久這些旅人就要脫離機場，朝往各人的目標飛去。

在人生旅途中，這種短暫性的離去，總是有既定的目的地。倘若人在毫無計劃及目標的情況下，離開生存的世界時，會往哪裏去呢？天堂與地獄雖是許多宗教的答案，但到目前仍是個無法證實的迷思。

　　佛家對逝去的人，不說「去世」而謂「往生」，認為每個離開軀體的靈魂，都會再度投胎轉世。輪迴的說法，傳遞著靈魂在宇宙間生生不息的訊息。而「何人」該往「何處」去重生，必是個令上帝也頭痛的問題。

　　想像宇宙間，設有一個「投胎轉運站」，是所有靈魂集合報到的中心。靈魂在此需經過嚴格的審核，根據人在世時的所做所為，而簽發各類的「前途通行證」。這轉運站也就像機場一樣，有許多 Gate，每個人將被分發前往不同的 Gate 去等待轉世。

　　凡進了這「投胎轉運站」，未來命運如何？來生為誰？降生何處？都由不得人選擇。人生就像一齣戲，每個角色都有其特殊的任務，只能盡己所能的演出，認真地詮釋自己的人生價值。要面對挑戰，克服困難，直到劇終落幕，讓毫無愧疚的靈魂，再回到「投胎轉運站」去報到。

　　我想，那些在生前曾勤奮努力，無私的奉獻自己造福人群，又具仁愛、慈悲等高尚情操等考績優良者，應當會晉升為天使，或者再被派下凡來成為聖者，以拯救人間迷失的靈魂。而對於心存殘暴，貪婪、爭權，嗜名、迷財、自私、執慢、欺騙甚至懶惰等品質不良者，該被

分發去接受更嚴格的磨練才是。

　　強調「因果論」，能規戒逾矩的心，但信者恆信，不信者仍不信。且不論前世為何，但看此生，不如把握當下機會，努力修心養性，使現今的「我」脫胎換骨，讓自己的靈魂超越向上昇華 …………。

　　此時，機場的廣播響起，打斷了我的思緒，輪到我這航班可以開始登機了。我背起袋子，朝著登機口走去，感到自己正像個要去投胎的靈魂。

　　　　　　　　　　　　　　　　　～2008

霏霏的媽

自從那一年，在台北與好友霏霏道別，我們就一前一後離開台灣。她去了巴黎，我來到紐約，以後不曾會面，信也少寫。想起對方時，就在長途電話上敘舊。

我們經常是接續前次的通話，將後來日子裏所發生的事情，互相做個濃縮報導，尤其不忘描述自己的特殊夢境。我們都是很會做夢的人，又能認真的分享彼此的夢境，可算是「親密夢友」。

這回，霏霏說，她做了一個特別奇怪的夢，是個與她的媽媽有極大關係的夢。

霏霏的媽，我印象中非常深刻。她不像我所認識的任何一位媽媽，她看來既性感又豔冶，原來她曾是個電影演員。

中學時，我常去霏霏家。她家中，除了爸爸、弟弟還有琴姐，並沒有媽媽。琴姐是霏媽的陪嫁丫頭，霏霏和弟弟，自出世以來都由琴姐照顧。霏霏長弟弟兩歲，

她腦海中還有媽媽的影子，偶而也會想念媽媽。她記得，爸爸去教書時，經常有伯伯或叔叔來拜訪媽媽，他們一起抽煙喝酒，很親熱的打情罵俏。琴姐常會藉故帶她姊弟外出散步。有一天他們回到家，發覺家中異常安靜，訪客走了，媽媽也不見了。

霏霏的爸爸是留洋教育學者，在琴姐的協助下，堅強振作，父兼母職，姊弟倆原就與爸爸很親密，此後更是害怕爸爸也會突然不見，總不敢讓爸爸或琴姐離開視線。

直到霏霏姊弟都上了中學，琴姐才放心地將自己嫁出去。有了自己的家後，琴姐還時常回來看他們，有時帶些家用物品，或煮點食物放在冰箱裡。

雖琴姐自小告誡，不許在爸爸面前提媽媽，但霏霏對媽媽的行蹤一直充滿好奇。琴姐經不住她一再追問，又見她已長到了懂事的年紀，就帶她去看媽媽，霏霏亦遵守諾言，守口如瓶，連弟弟都不說。

以後，背著爸爸探訪媽媽，就成了霏霏的秘密行程。那天只上半天課，霏霏要我陪她去看媽媽，為了要趕在她爸爸下班之前回到家，我只好背著沉重的大書包同她一起趕路。

一路上，霏霏說，每想到媽媽如此狠心，拋下年幼

的他們一走了之，一直無法原諒她。但又覺得有媽總比沒媽好，心裡感到矛盾極了。

霏霏的媽，看來大約三十來歲年紀。聽說她先前以為嫁了留洋學者，可到國外定居。但後來，霏霏的爸，決定留在台灣貢獻所學，她便又轉向影劇圈尋求發展，與導演、製片等影劇界人士密切往來。已婚的事實成了她的絆腳石，為達到目的，她毅然選擇拋夫棄子。雖犧牲了家庭，卻仍未能使她成為大明星，著實白遊戲一場。

在霏媽家，我見到一位長相斯文又膚色白皙的中年男子。霏媽介紹，這是秦叔叔。我原以為他是唱戲的，霏霏說他是位中醫師。因霏媽生活糜爛，得了病，秦叔叔幫她調養身體，治好了她，他們後來就生活在一起了。

霏霏在法國巴黎藝術學院深造的第二年，邂逅了一位同校的日本青年，接著成了日本太太。兩人完成學業後，帶著在巴黎出生的長子一同回日本定居，自此，我們不知不覺就中斷了聯絡。

某夜，毫無由來的，霏霏竟出現在我的夢中。隔日，我翻箱倒櫃，找出她多年前寄來的明信片，上頭有她在日本的電話號碼。霏霏意外接到我的電話真是又驚又喜，問起近況，她欲言又止嘆一言難盡，感覺她似有苦

衷，當下允諾盡快去看她。

　　我與霏霏在日本羽田機場，喜極相擁。一位靦腆的年輕男孩站在一旁發愣，霏霏介紹，這位在法國出生的長子安藤，竟已二十歲了。

　　中斷音訊多年，總有說不完的話。霏霏安居日本幾年後，又為安藤添了弟、妹，成了三個孩子的母親。霏霏的夫家是極傳統保守的大家族，具有高度的自我優越感，對她這位外籍新娘的態度是勉強接納。霏霏努力相夫教子，侍候公婆，家規繁文縟節甚多，不時要參與家族中親朋好友的應酬，頻繁的虛與委蛇令她精疲力竭。眼見原充滿理想的藝術家受到如此摧殘，這份委屈令我感同身受。

　　秦富和秦貴兄妹倆，是霏媽與秦叔叔的孩子。他們的人生，由霏媽一手刻意的塑造，從小霏媽就對他們耳提面命，秦富、秦貴一定得進台灣大學，然後出國深造，未來才會有「錢」途。他們也不辜負霏媽的期望，如今在美國都有高收入的專業。秦富是醫生，擁有兩處診所，秦貴則在一個在金融機構任高職。他們在霏媽的身教下，傳承了霏媽自私、跋扈的脾性。

　　雖然霏媽未全盡到為母的責任，霏霏卻私下慶幸，

還好是在爸爸的教誨下成長，自己未受到媽媽的任何影響，便有了不同的價值觀。

霏爸離開人世時，弟弟也已在美國成家立業，霏媽與秦叔叔離婚後來美依親，與秦貴一起生活，他們都住在同一個城市中。

居美多年的弟弟，為霏霏一家申請的移民文件批准了。為了讓孩子受更良好的教育，霏霏就先帶著兩個尚在中學就讀的孩子移民來美。並在媽媽安排下租到一棟毗鄰的住宅，這也是霏霏噩夢的開始。

秦富一心向錢看，惹上了偽造文書、欺詐等官司。妹妹秦貴任性、刻薄，又常情緒不穩定，與人相處困難，終至失去了高薪的工作。她的丈夫難以容忍她的壞脾氣，憤而離她而去。霏霏認為，秦富和秦貴在事業、家庭上的麻煩，都是因媽媽教育不當的結果，但沒料到霏霏卻也要分擔這份重擔。

秦貴為要重覓新職，霏媽得幫秦貴去學校接女兒多利放學。不知怎的，這差事後來竟成為霏霏的任務了。霏媽說她家來了朋友走不開，請霏霏幫忙去接多利。以後又變成接了多利就先寄放在霏霏家，等秦貴返家再去接她回來，因霏媽在麻將桌上下不來，沒時間照顧多利。

　　霏霏認為自己是職業畫家，但霏媽卻認為她是無所事事才作畫，並認定她在家中作畫不能算是正式的「工作」。因此她三不五時到霏霏家串門打擾，哭訴秦富和秦貴對她不孝，如何不講理，還要霏霏幫著去教訓他們。霏霏說：「他們是您的孩子，您自己去管。」誰知霏媽竟理直氣壯：「妳是他們的大姊，妳不管，誰管？我可是妳媽耶，秦貴這樣罵我，妳忍心看我受欺負？」她還說她未來得依靠秦貴養老，怎也不可與之翻臉。

　　霏霏要照顧自己的孩子，還得管媽媽一家的瑣事，根本無法專心作畫。有一回，霏霏因太專注作畫，耽誤了些時間去學校接多利，秦貴竟然為此對霏霏大發雷霆。霏霏沒料到她不計較的好心幫忙，竟換來一頓羞辱，傷心得從此不再進秦貴家的門。

　　為了孩子的學習剛上軌道，霏霏得壓抑住自己幾乎要爆炸的憤怒。在睡夢中，霏霏怨怒的情緒，竟化身成了一把銳利的雙刃長劍，滿含著怒火直衝上天。極速的力道，使得繫在劍柄上的紅綢巾，緊緊纏捲在一起。霏霏說，當她衝到了極高極高的天界，力量逐漸消耗殆盡時，卻發生了奇妙的事。那紅綢巾竟自行鬆開，以極其優美漫妙的姿態，輕輕地飄落下去。同時她也察覺到，

原有的滿腔怒火好像突然間消散了，內心卻充滿了無比的輕鬆自在。

「妳猜是怎麼一回事？」霏霏不等我答話又接著說，當她衝刺的勁道減緩時，眼前突然飄來一朵好大的蓮花，只見一女子端坐在花中，有聲音說：「這是歡樂仙子。」霏霏定睛一看，驚異地發現，坐在蓮花中的女子，竟然是媽媽。

霏霏沒想到，媽媽竟是下凡到人間來尋歡作樂的仙女？也無怪乎她毫無責任感，只會吃喝玩樂，享受人生。就在那一刹，霏霏頓悟了，原本對媽媽怨怒的情結，霎時打開。「我的心，就像那片紅綢巾，結打開了，能自由自在的飄落到地上」，霏霏說，她已能全然地放下心中的重擔了。

媽媽畢竟是自己的生母，這一世的母女情緣，是無法抹去的事實。只要能與媽媽保持距離，給彼此留一點空間。不讓媽媽隨時去干擾，或將所有的煩惱丟給她，她便能夠原諒、包容媽媽一切的不是。

霏霏於是做了一個大決定，暫時將兩個已能適應美式生活的孩子，交託給弟弟，自己則先飛回日本去喘口氣。　　　　　　　　　　　　　　　　～2007

交　換

　　母親的容顏一直是我長久的迷思。想念「母親」時，我腦中浮現的是那懸在我頭頂上的雙腳，和她吐出的舌頭。這一幕，深深鑄印在我的記憶之中，一直伴隨著我的人生，始終不曾淡逝。

　　至於那個我喊他「爸爸」的男人，只依稀記起一個背影，他手中握著酒瓶，走起路來跟跟蹌蹌。

　　我不常見到他，每當他在家時，不是對著母親怒吼，就是毆打母親，我總是害怕得躲進被子裏縮成一團；直到聽見大力甩門的聲音，才趕快爬上窗沿，看那逐漸遠去父親的背影。

　　曾經有個穿著高衩旗袍的女子，跟著父親回來，但不久，他們又一起離開，父親手中沒有酒瓶，而是一口箱子。那一日，就是我這一生最後一次看見父親。

　　母親的啜泣，隨著父親與那女人的走遠而越來越大

聲，我很害怕，又躲進被子裏縮成一團。

不知不覺的，我睡著了。醒來時，我到處找不到母親，然後我看到頭頂上有一雙腳。

我號啕著奔出屋外，驚愕恐懼多過於悲傷。那時，我還不懂得什麼是死亡，什麼是哀慟，只是讓母親的模樣給嚇壞了。

鄰居們幫著一起把母親放下來。住在同村子的表伯公趕過來，把我帶回家。

幾天來，大家四處打聽，尋找父親，但都全無著落。

表伯公扛我在肩，朝往市集去。市集很熱鬧，我看見路邊有個小姊姊，脖上垂掛著一張寫著字的紙板。我們經過她面前，表伯公不覺嘆著氣，自言自語：「可憐的孩子，我若過著好日子，也不缺妳一口糧，現在只得先顧著妳娘入土為安。」

表伯公在市集與許多人交談，曾有人彎下身來仔細地端詳我。

這天，表伯公帶我回到我自己的家，有幾個人早已聚在那兒，他們讓我拿著香，教我跪著向大木箱裏的母親瞌頭。

表伯公也拿著香，對著棺木說：「保佑妳的娃兒去過

好日子吧，她可是將她的未來，換了妳一個安身之處啊。」

母親的棺木入了土坑，表伯公將我抱了起來，交給了一個曾在市集上見過的人。

～2009

夢 之 謎

　　當律師的女兒打電話來，報告產檢一切正常，然後她放慢了語調：「醫生說 ── 是個男孩。」聽到這消息，我禁不住得意：「我不是早就說了嘛！」

　　女兒剛懷胎不久，我就夢見這尚未出世的孫兒了。當我告訴家人時，大家都像往常一樣掛著笑容聽我說夢話。

　　「這孩子很有藝術天分，他畫的很不錯。」我忍不住又重複我的夢境……。女婿在電話那頭急插嘴問：「他長得像誰？」老實說，我只顧欣賞讚嘆那五彩繽紛的畫作，倒沒去注意他的長相，尤其他跑來跑去動個不停，更是無法看清楚，但確實是個男生沒錯。

　　想當年，我也是在夢中初見尚未誕生的女兒，印象十分深刻，那情景，至今仍歷歷在目。

　　夢中，我所乘坐的公車，正緩緩地往車站停靠。我朝窗外望去，看到候車的隊伍中，夾著一個小小的女孩。

這孩子約莫三、四歲，手裡還提著一個小旅行箱。她獨立又勇敢地在高大的人群當中，是那麼地沉穩，充滿了自信。我的目光被那個結實黝黑的小小身軀深深吸引，心裡想著，自己一個小人兒到底要往哪裡去？此時，有聲音在我耳邊響起：「這就是妳的女兒！」

女兒出生幾年以後，她的模樣和個性，不禁令我憶起，那個自己拎著行李搭公車的小女孩。於是我便打趣說，她是乘公車來投胎的。

在我另一個夢中，有兩個長得很像表妹的孩子在一起嬉戲玩耍。我好奇地詢問新婚不久的表妹是否有喜，她卻紅著臉否認。我玩笑地預言她可能會有兩個孩子。過不多時，表妹告知確實懷了孕，後來更令我驚訝的，她生了一對雙胞胎；而這對兄弟，正如我夢中所見到的那兩個孩子，有著和表妹非常相似的眼眉。

我還曾莫名其妙地，夢見與我毫無關係的珊蒂的孕事。珊蒂是我工作單位的第二號主管，聰明、美麗又精明能幹，雖已結婚多年，卻一直未生育。因她個性有些傲慢，對屬下常不假辭色，大家都儘量迴避她。

一日，難得在洗手間巧遇，我想起我的夢，便無厘頭地問：「妳懷孕了嗎？」不料她臉色大變，傻愣半晌才

說：「沒有啊，妳為何如此認為？」

我自覺太唐突無禮，趕緊向她細訴我的夢境。我邊說還邊示範夢境中的情節，「當時，妳抓著我的手，按在妳的肚子上說『妳看，動了，動了！』所以，我才會問妳是否懷孕了。」

珊蒂聽完我的無稽之談，表示：「或許因我近來胖了些，才讓人誤會了。」

這以後，很久沒再看到珊蒂，原來她請了假在家中安胎。沒想到，我的夢又成為事實。

到了年底，公司一年一度的聖誕派對，珊蒂帶著嬰兒回來參加。她特別來找我，悄悄地向我道歉，曾經未對我說實話，是因她經歷過多次流產，於是這次懷孕便特別小心，也沒敢向任何人透露……。

其實在我的夢裡，也出現過他人的疾病或死亡。起初，我會憂慮地去查證。但人的一生，不可避免的不就是生老病死嗎？這種情況遲早會發生。我後來就對這類的異夢不再當回事了。果若成真，我也能以平靜的心情接受。

還記得曾夢見在那月黑風高的荒野之中，婆婆獨自一人在雜草叢生的大墳場中徘徊。不遠的前方，一座尖

頂教堂，矗立在墳場的盡頭。此時，突然刮起了一陣大風，將一頁頁的日曆吹翻得飛快，最後，它靜止了，文風不動地停留在四月三日的頁面上。

　　當時婆婆並無異狀，我當它僅僅是一場奇怪的夢，並未特別放在心上。後來她時喊腹疼，曾送她去了三家不同的醫院急診，也做了各種檢驗，皆查不出任何問題。我們不免猜疑，是否她欲引起我們的關注所致。於是我們都請假在家伴陪並觀察數日，見婆婆一切正常，便又回歸了日常作息。

　　一日午後，正在工作中，突然接到一名說國語的醫生來電說，婆婆盲腸炎情況危急，必須馬上開刀，促家屬速到醫院簽字。

　　婆婆竟堅強勇敢地忍著痛自己去到中國城的醫院，自我解救脫離了腹膜炎併發症的險境。

　　後來我發覺，那天正是四月三日。

　　「日有所思，夜有所夢」是一般人所理解的現象，但我的夢境，遠超出了我所能想像的範圍。有時不免好奇，是否在沉睡時，我的靈魂偷溜出軀體，在宇宙中四處翱遊。為何我會又回到夢裡的舊地重遊，而那卻是我這輩子都不曾去過的地方?我只能猜想，那兒，或許正是

我上輩子最留戀的所在。

　　無法解釋的奇妙經驗，豐富了我的生活，也牽引著我對未知世界的思考與追求。世事無常，並沒有一定的軌跡，人世間的奧祕，豈是一介凡人能解透，就算傾盡畢生精力，也未必能得著答案。在浩瀚的宇宙裡，人之渺小甚如微塵，若是不能珍惜有限的生命，謹守本分，認真地活，豈不枉費到世間白走這一遭？

　　靜觀人間百態，及終，莫不是一場空夢，有如雲煙消散於紅塵。既是如此，又何苦計較？又何須牽掛？不論來生的夢境裡，是否重映這一世的經歷，且不妨多留下一點美好，讓下輩子去回味。

　　　　　　　　　　　　　　　　　　～2012

不洩的氣球

　　兩顆彩色氣球，飽滿地維持了十四年，真是個奇蹟。首次看到這兩只氣球是婆婆生日的那天，一個氣球上印著「生日快樂」的圖案，另一個則是「早日康復」。後來，那天也成了婆婆的忌日，從此它們就一直立在花瓶中直到如今。

　　十四年前，我們一家齊聚在療養院，婆婆的床邊有鮮花、氣球，牆面上還點綴著鮮豔的慶生裝飾物。婆婆安靜地聽我們合唱祝她生日快樂歌，我們努力逗笑婆婆，但她始終茫然且面無表情。

　　婆婆心血管阻塞，動了手術後，身上便連上許多的管子。出了醫院，立即被安排直接轉進療養院，以便獲得專業照護，從此婆婆就沒再回過家。平日我們總是輪流去療養院陪伴婆婆，婆婆生日那天，大家便特別約好同時去為她慶生。

　　那是個頗悲傷的慶生會，我們都清楚，婆婆不可能再好起來。這一年來，她沒下過床，手腳肌肉都僵硬萎縮了。那夜很難得，祖孫三代圍在婆婆床邊團聚。就在我們道了晚安，離去後不久，婆婆嚥下她最後的一口氣。

　　再回到婆婆的病房，已是人去床空。我拆下牆上的飾品，帶走了鮮花和氣球。才不過兩天，那束鮮花已垂頭喪氣，而兩顆氣球卻仍神氣十足立在花瓶中，我特意襯上幾朵人造花圍繞著它們。

　　三十多年來，我目睹了婆婆有如盛開花朵般的生命，逐日枯萎凋謝。婆婆體型雖小，卻不嬌弱。猶記得那時我們新婚不久，年紀輕對家庭事務欠缺經驗，年華

半百的婆婆，放棄了工作及台北的一切，空降來紐約當起了我們的指揮官。兩個女兒相繼出世，我們祖孫三代同堂，生活忙碌也熱鬧。

直到孩子們都離家去上大學，家中才安靜下來。我們仍早出晚歸忙工作，婆婆就整日獨守空巢。每個周末假日我們都會帶婆婆外出，參加友人聚會等，她總會精心打扮自己，她喜歡受稱讚，那是她保持自信的要素。

八十年代，大量的華人湧入社區，我們的社交活動日趨頻繁，婆婆一個人在家的時間也愈來愈多，現實生活與她所想像的逐漸有了差距。

這日，我在家等待工人來修窗，婆婆無所事事，我建議她去老人中心參加活動，多交些朋友。婆婆習慣受關注，那兒沒人認識她，她又放不下身段採取主動，便感覺遭到冷落。我幫婆婆打電話給羅阿姨，羅阿姨一年多前才搬到離我們兩條街遠的公寓，她是婆婆在台北時的鄰居。一日在附近超級市場買菜時異地相逢，他鄉遇故知，自此常相往來。羅阿姨說不想出門，個性變得很依賴的婆婆無人陪伴，便寧可待在家中，身子就愈加懶散了。

婆婆特喜甜食，因此牙齒受損嚴重。牙醫說，若要

美觀又方便清潔，建議換上全口假牙，還有醫療保險來擔付。婆婆心動了，裝了全副美齒，她笑出深深的酒窩，但沒幾天她的臉頰凹陷了，因為義齒好看不好用，她覺得不舒服，故除了吃飯和外出時裝飾門面，其他時候就任由它一邊涼快。

久而久之，變形的牙床與那套美齒無法再契合，婆婆飲食的質與量因此受到影響。第二副假牙也未帶來預期效果，婆婆愈來愈食不知味。她想回台北找她熟識多年的老牙醫。我也安慰她，到了台北，趕緊換個新牙套，好好享受正宗台灣美食。有了這一線希望，婆婆精神又振作起來。

許多年未回去，總該帶些禮物吧。她這樣想著，便去銀行領出了千元。手邊突然有這麼一筆現金，真不知該放哪兒才好。她這而兒放放，那而兒放放，猶豫不決。最後，終於將它藏身在一件她不穿的衣服口袋中。

這天，羅阿姨來訪。婆婆正拿不定主意該帶哪些衣服回台北穿，羅阿姨自然就當上了參謀長。為了表達謝意，婆婆從衣櫃中拎出一件風衣，對羅阿姨說：「買了一年了，還沒穿過。因墊肩太厚，自己動手取了下來，結果卻反而太鬆垮了。如果合妳身，就送給妳吧。」

　　羅阿姨個頭本就比婆婆高大，加上又是個寬肩的體型，就歡喜的將風衣帶走了。

　　到了周末，準備要帶婆婆去百貨公司採購禮品，婆婆卻在她的房間內，摸索半天不出來，原來她忘了把錢塞到哪兒去了。我們只好也加入搜索行動，桌底、床下、房間的四角落、翻箱倒櫃的，抽屜，櫥櫃中所有的衣、物一件件都查遍了，卻仍無著落。

　　婆婆相當沮喪，也無心情去購物了。那一整夜，她輾轉難眠。

　　過了兩天，婆婆突然想起那件風衣，但又不確定是否放了錢在那風衣的口袋中。她不好意思自己去打聽，我便自告奮勇。

　　一整天，撥打羅阿姨家的電話，就是無人接聽；只好夜晚時分再去打攪。羅阿姨的先生接了電話，他說，羅阿姨上星期突發心臟病，現人還在醫院中。

　　莫非，羅阿姨驚見風衣口袋中的那筆錢，轟然的，就樂極生悲了？

　　婆婆對自己的健忘一直非常懊惱，她在紐約唯一的老朋友，更令她感到失望。雖然我們彌補了她的損失，婆婆仍是悶悶不樂。她掖藏著的心事無人可訴，同時又

覺得這有損顏面的事，是絕對不可告人的。矛盾的糾結，使她總是掛著愁苦的臉譜。

　　婆婆回到台北，卻人事已非，那老牙醫已退休，她曾經的好友也走了。婆婆原先的盼望頓時破滅，由台北返來，她顯得很憔悴。在台北新做的假牙差強人意，她已不再有任何冀望。

　　婆婆一直未能走出那些不愉快的陰影，她消沉了，說話已不似以往鏗鏘有力；帶她出去時，也不再像過去那樣興奮地妝扮自己了。我怕她閒著會胡思亂想鑽牛角尖，買了毛線和勾針給她打發時間，那曾是她的拿手絕活，但她已全然失去興趣，連碰都不肯碰。

　　我仍照常為婆婆預備鬆軟的午餐，然而我發現，她吃得愈來愈少，到後來竟幾乎原封不動。婆婆不進食，自然沒體力，整天無精打采。她與我們的互動，也開始由單向溝通的簡答，到後來乾脆只以點頭、搖頭回應。

　　外子每天中午固定給婆婆打電話，提醒她要吃飯。這一天電話響了許久，再撥、三撥仍是無人接聽。外子趕回家中，見婆婆倒在地上，她的神智清醒，身上無任何血跡或明顯傷痕，送到醫院才發現她的心血管嚴重阻塞。

　　婆婆摔倒後，一直就躺在她倒下去的地方，並未試

圖求救，雖然離電話機僅四、五步之遙，她全然放棄了
原有的剛毅、好強和執著的本性，而任由命運來擺佈。
直到後來我們才知道，婆婆這些令我們無所適從的表
現，就是憂鬱症的症狀。那時，我們對於憂鬱症這種病，
毫無基本的認知和常識。

　　這至今仍未「氣餒」的氣球，真是個謎。難道是婆
婆在天之靈，發揮她堅強的意志讓這兩個氣球絲毫不
洩？

～2016

看見自己

　　在做完了肩背痠痛的理療之後，我不知不覺地經歷
了一段奇異的「前世回朔」旅程。

　　藍醫生說，下午的病人取消了預約，若我不趕時間，就放鬆地躺著，她去拿書來唸給我聽。上回理療，我們曾閒聊有關作夢的話題，她有提過要介紹一本書給我。

　　藍醫生翻開書頁，卻要我閉上眼睛。她輕柔緩慢地唸著，讓我的身體由內到外漸漸的鬆弛。我感到好像正在被催眠，便告訴自己，一定要保持清醒，我對自己的自制能力很有自信。

　　藍醫生開始引導我，要我去到我這一世出生以前曾待過的地方，並且描述所看到的一切景象。雖然我的雙眼仍然閉著，但不久就見到了清晰的畫面。

　　在英國郊區的一棟樓房中，我登上二樓，推開一扇門。滿室的書籍陳列在架上，醫生說：「可以唸出幾本書名嗎？」我努力試著卻唸不出任何一本書的書名。但是我看到書桌上有一本翻開的書，我知道那是爸爸的「聖經」。

　　我的爸爸，戴著黑框眼鏡，略顯削瘦，還留著小小的山羊鬍。體態豐腴的媽媽，有一頭漂亮的金色捲髮。我一點也不記得自己是否還有其他兄弟姊妹⋯⋯。

　　藍醫生解說，我是一個基督家庭的小女孩，在還不到上學的年紀就離開了世界。

　　我走過一片高牆，見一棵梧桐樹靠在牆上，旁邊有一扇小門半敞著，我走了進去。牆內有個寬敞的大庭院，右側階梯之上有一座宏偉的建築，粗壯圓形的紅柱子立在前廊，就像古裝電視劇中的場景。在庭院的中央我仰頭看，這是個寺廟，上面有三個大字「淨巖寺」。

　　我拾級而上，不意鞋後跟滑出了足踝，我彎下腰去將鞋拉上，才發現穿在我腳上的是僧人的布鞋。

　　這回，我的身份是個僧人。醫生問我平時最愛讀什麼經？我不假思索地說：「波羅蜜多」。

　　事實上，我這輩子就是個基督徒，並不清楚波羅蜜多是什麼意思？我也不解，靠在廟牆邊的那棵樹，我怎麼就知道它是梧桐呢？當然，我現在清楚梧桐樹的長相，也知道有一部「心經」就是「般若波羅蜜多心經」的簡稱了。

　　住在一棟白色的樓房裏的小女孩，在附近的溪邊玩耍而溺斃。之後，又有兩個小女孩，在不同的年代，都住同一棟白色的樓房，最後也都淹死在同一條溪流中。我在此溪流中三次失去了短暫的生命。

　　我仍深刻記得，好多年前的一次難忘經驗。那時我帶著兩個不滿三歲的女兒，在渡假旅館的戶外兒童泳池

戲水。當我一腳踏進水池，立時混身汗毛豎立雞皮疙瘩四起，恐懼得痙攣起來。其實池階的水深還不足以覆蓋我的腳背，我一直不明白自己為何對那池「水」會有如此驚恐的反應。難道這真是前世的恐怖印象仍深存在記憶之中的緣故？而今生的我，確實是不會游泳，也不敢游泳。

一位衣衫單薄的苦行僧，背著竹簍子，在一片無垠的沙漠中踽踽獨行。「你要去哪裡？」醫生問：「天色漸暗，晚上會住哪裡？」我爬上高坡，見到遠方有微光點點，裊裊炊煙。但我不知道自己是否最後仍淹沒於沙塵之中。因我無法回答後來的行蹤。

一幕幕的畫面，彷如電影情節，有時我也身在場景內重新經歷。我不停地敘述已感覺口乾舌燥，問可否喝點水？藍醫生便重複了開始時的程序，隨著緩慢的指示，我逐漸輕鬆的釋放了自己。

對剛發生的一切，我感到極不可思議，懷疑是自己豐富的想像力而促使腦波天馬行空的結果。藍醫生卻說，那是我前世記憶的回朔。(後來，我才明瞭「前世回朔」，是對某些疾病的一種治療方式，藉著潛意識的催眠，來找出疾病原因的過程。)

　　我離開藍醫生診所時天色已黑，在昏黃的街燈下獨行，我的心靈尚未由那意外的體驗中甦醒 。回憶前世的旅程其實是非常豐盛而奇妙的，只是我的宗教信仰使我感到有些不安，便習慣性地在心中祈禱。

　　經過無數次以不同的身份、形象遊歷人間的體驗，我發現自己重複出家人和小女童的身份最為頻繁。或許，這能解釋自己的思想行為與前世之間有某些關連了。雖然我去教會做禮拜、祈禱，但聞誦經之聲仍會受吸引而走進寺廟。

　　回顧我所經歷的前世，並檢視今生的自己，感覺軀殼中彷彿住著一個屬佛的老靈魂和一個屬基督的小靈魂，陪伴著我一起成長，是我最親密的心靈伴侶。

　　老靈魂遊歷塵世多年，有較豐富的人生經驗，他總會在黑暗中幫我點燈，引導我辨明是非，分別善惡。教我以無染的靈魂之窗觀看這個世界，行向正確的方向。又在我必經的道路上，為我抵擋誘惑，提醒我微渺如塵，勿為區區小事得意忘形而心生傲慢。

　　老靈魂性喜交友，常與「老」朋友們來往，對我產生了不少直接的影響，幼時就常覺得自己好像是個未成長的老人家。

　　然而，單純天真的小靈魂卻不想長大。她安分守己，相信一切都如所想像中的美好，更相信她所崇拜的基督耶穌真神和天使們都會無時無刻的看顧她，於是她心無掛慮，無所求，無所謂，也無所懼。在她的小世界中，因無爭而得安寧，因無怨而常喜樂。

　　老靈魂與小靈魂相輔相成，充實了我的人生。

　　精神可以不死，肉體卻不能永存，光陰由我的軀體上輾過，我清楚地知道充沛的精力已逐漸消耗。小靈魂的好奇心，再也激發不起往日的衝動。老靈魂提醒：「人生何其短，當理性的善用生命。」

　　過去的自己，曾經是誰並不重要。重要的是，這一生，這一世僅屬於現在的，由鏡中反射出那形象的「自己」。盡心盡力讓這一趟紅塵之旅精采，無憾，就不枉費到此一遊了。

　　願與此生在這花花世界的共遊者，一起好好珍惜這短暫的塵緣。

　　　　　　　　　　　　　　　　　　　　～2017

解

瞧一眼，見一雙

　　回想起來，所有的麻煩，似乎始於破高溫記錄的那幾日。我在熱浪中登上了冷氣超強的公車，到了辦公室又繼續在冷氣大放送中挨凍，就這樣得了感冒。

　　我日夜不得安寧的咳嗽，醫生不但給我更強烈的藥方，還要我去照肺部 X 光，因我咳得氣喘不過來且有濃痰。X 光片疑有異狀，又再去做肺部電腦斷層掃描。

　　那日，正與家人在飯店用餐，突見對坐的女兒竟有四隻眼。我再環顧四周，只見餐館內滿是雙胞胎，家人也不例外，都有了「分身」緊密相隨，我都不敢相信自己的眼睛。

　　我即刻撥緊急電話給眼科醫生，在確知我並無其它疼痛、昏暈等異狀，便讓我隔天一早插隊就診。

　　眼科 A 醫生認為我的「雙重視力」是由小中風引起的。要我請家庭醫生立即安排我到醫院掛急診。

　　在醫院的急診室，等病床、量血壓、驗尿、抽血、

做心電圖及主要的腦部斷層掃描，結果出來時天都已經黑了。好在我被告知並沒有中風的好消息，至於視力重複的狀況，醫生則建議我去看眼科專家。

我對鏡自攬，發現原來兩黑瞳東一隻、西一隻，距離和位置不正，移動的速度不一，右眼還會在移動時半途被卡住，左眼與右眼各看各的，才會同時看到兩個物體。

我懷疑，是否做肺部電腦斷層掃描時注射的顯影劑所引起？眼科 B 醫生否定了我的疑慮，認為可能是咳嗽過劇，導至眼神經鬆弛。他分析說，眼的第六神經與嘴角的第七神經緊鄰，故遭了魚池之殃。

我撥電話去辦公室請病假，因視力無法集中而一直連續撥錯電話號碼。時時刻刻我還得面對許多危險狀況，例如：在我眼裏一虛一實的階梯，使我幾乎踏空；在熟悉的家中，不時會撞到家具；想要倒杯水，水壺的水不流進杯子卻溼了滿桌。

生活突然變的很不方便起來，只好自我安慰，慢慢來，大概上天憐憫我總是忙得沒時間休息，才讓我得個不痛不癢的病，好停下來歇一會兒吧。

每天一張開眼，我就很希望能見一是一，但仍是無

奈。只得繼續忍耐盡量放鬆心情,使生活作息正常化,
安慰自己該感恩至少還能看見。

　　眼科 C 醫生要我再去做一次腦部 MRI。在與醫院的
片子做比對後,他發現了左眼球後神經部份似有一小疑
點,這微小的點有可能是血塊,不幸壓到了視神經。

　　我被推薦去見腦手術專家 D 醫生,經他評估、分析,
我決定不冒著失明的危險去動手術,而同意在六個月後
再去照 MRI 來做比較。他說,若是血塊,有可能會移動
或分解溶化,若是腫瘤也會萎縮或長大,總之我所能做
的就是靜觀其變。

　　純粹感冒竟會傷到眼神經?聞者皆不敢置信,但確
實發生了;由感冒咳嗽而以為患了支氣管炎,甚至肺結
核,不料卻出現雙重視力的意外。所以,千萬要避免讓
自己受凍,無論甚麼天氣,都隨身攜帶個披掛,雖多了
點纍贅,卻可預防保護自己免於招惹病痛上身的機會。

　　雖然,醫生們所揣測的病因都不同,但對我這奇怪
毛病的結論卻很一致,他們都說:「它自己會慢慢好!」
至於什麼時侯?卻誰也不敢說。我呢,只好等罷。

～2006

　　後記：一年以後，我的兩眼視力漸漸聚焦恢復正常。自始至終我未曾服過任何藥物，或點任何眼藥水，它竟一天天的好了起來，眼瞳回到原來的位置，我不再斜眼看人了。後來，在我回憶思考這段突如其來的怪病時，忽然記起曾有一次在淋浴時，蓮蓬突然掉下來，不偏不倚正好敲在我的頭上。說不定那蓮蓬頭才是真正的罪魁禍首呢！

倚老賣老

　　在公車站一起等車的乘客中，有一位婦人，外表看來已有祖母的年歲，她的體型適中，長相斯文，裝扮又得宜。

　　我正默默地欣賞著她，想像自己到了那年紀，也能擁有這般風韻。

　　不久，公車來了。這婦人卻突然一個箭步穿過人群，竄到公車站牌前。偏偏，車門並不對準她的位置，她立即插身到別人前面，搶到了登車的第一名。此時此刻，我對她原有的仰慕之情，頓時化為烏有。

　　一般人都有敬老尊賢的共識，銀髮族常備受禮遇，處處得優惠，久而久之，就產生了倚老賣老的心態。那樣不但不能增加自己被尊重的份量，反而有損長者的形象。

　　我想起曾搭乘的另一路線公車，它途經許多華人密集的地點。在其中一站，經常會碰上一群逍遙的銀髮族，

車上的乘客每見到這群人，總有嘆息與無奈的怨聲。

　　原來這幾位耆老，大多住同一公寓大樓或鄰近，每晨固定相約一起散步到一老人中心，享用五角錢的豐盛早餐後再乘公車返回居所。

　　他們三五成群，隊伍拖得很長。走在前頭的見到車來了，便急向司機招手。司機將車停了下來，等待他們一個個慢慢地上車，直到那殿後的也氣喘噓噓地進了車廂。

　　這一站的乘載時間超久，令那些趕著上班、上學的公車族心裡焦急。這還不止呢，他們上車之後，車廂裡就起了一陣「讓坐」騷動，要好一陣才能完全安定下來。

　　這些長者們，一大早步行健身、補充營養，又能與同齡朋友做心靈交流，非常懂得養生之道。但若能在非尖峰時間，進行他們的活動就更完美了。銀髮族都已退休，時間較充裕，實在不需要在晚輩們緊張的時刻去湊熱鬧。

　　許多年前，外子曾受聘為高雄市政府做「交通規劃研究專案」，其中有一項是針對公車司機的問卷調查。大部份的司機，對持有免費乘車證的耆老，常結伴在尖峰時段遊車河，感到很頭痛。因這會對他們的服務品質造

成影響，如行車時間無法控制、經常誤點、乘客擁擠超載、行駛安全等。

　　針對上述問題，外子提出解決對策，建議在尖峰時段不接受老人優待票。如果耆老非要在尖峰時間乘公車，則需付全數票額。如此一來，在高雄市府的優待政策下，手持免費乘車證的耆老，欲乘巴士遊街打發時間，便得謹慎的選擇時段了。

　　如果每位長者，在回顧自己的往日的足跡時，能多體諒小輩尚有漫長的人生路途要走，還需在生存的大海裡掙扎。若要倚老賣老，倒不如將自己的經驗貢獻給晚輩做參考，幫助他們少走一點冤枉路。這樣的賣老才能使人心服口服，也令人肅然起敬。

　　　　　　　　　　　　　　　　　～2008

躲不過頻臨乾枯的命運　奮力創造出極至的驚奇
修正液驕傲地鞠躬盡瘁

大雪後的苦中作樂
堆出生平第一個完整的「白雪」公主

雪中的擁抱

　　這次的暴風雪，果然如氣象局所預測，為歷年來之最。早上出門時，就已雪深及膝，寸步難行，每踩一步，陷下一個深坑。我只好打消去上班的念頭，乾脆在家門前剷玩起雪來。

　　天女們不斷地散下大片大片的雪花，整條街，靜悄悄地，既無車來，亦無人往。這一大清早，我仰天立地，與雪融合，享受整個銀色世界唯我獨有的感動。若不是凍麻了手腳，還真不捨得進屋呢。

　　在溫暖的屋裡，我透過二樓臨街大窗，欣賞窗外白皚皚的景致，見那些淋著奶油白的樹枝幹，和那一棟棟厚絨絨的白色屋頂，聖誕卡上的圖片，活現在眼前了。

　　接連兩天的降雪量是驚人的，直到暴風雪逐漸後繼無力，轉為絲絲雪絮時，街上才開始有了動靜。

　　首先看到鄰人愛德華出現在白雪中，他勤快地自剷門前雪，不久，愛德華的小兒子也拿個小小鏟子跟在老

爸身邊幫倒忙。對街幾戶鄰居，也陸續地開始清除門前道路上的積雪。雪仍在紛紛飄著，只是已不如先前的猛烈。眼見各家即將完成清雪工程之時，一輛鏟雪車開進街來，所過之處頓時撥雪見路，馬路當中的雪，很快地被推往路邊，卻在沿途堆起了一道雪牆。當左鄰喬治終於拿著鏟子出來時，他的家門前可說已是雪上加霜了。

我注意到，喬治在家門口看到他緊鄰的愛德華時，並不同他說話，他們互相連一句招呼也沒有，只是默默地各鏟各的雪。沒想到他們多年前結下的樑子，如今還揪著。

記得我們剛搬入這條街時，愛德華與喬治都熱心地來問候，原來他們兩家也是不久前才搬來的，我們都算是新屋主。愛德華與喬治不但毗鄰而居，巧合的是，他們類似的人生經歷。他們都曾有過一次失敗的婚姻，如今前妻與已成年的孩子都生活在自己的國家。兩人都承認以前因年紀輕，沒什麼家庭責任感。因此現在他兩家的孩子，都幸運地得著許多父愛，為努力彌補過去的遺憾，他們都花許多時間盡力陪孩子遊戲玩耍。

愛德華的太太，喜歡拈花惹草，前庭後院都花枝招展。自從她懷了老二，就去職在家。曾有幾回，見愛德

華的太太，在喬治家的院子裡，像是在指點喬治的太太如何種花，兩人狀至親密。

我們是上班族，每天早出晚歸，週末又不常在家，偶然遇見鄰居才有機會聊些近況。這天，愛德華正坐在門前石階上看著兒子騎腳踏車。我經過他家門前，聽他開心地報喜，新兒子才剛來報到了。

過了幾天，去愛德華家探望他們的新生嬰兒，直到這時，我們才得知愛德華與喬治兩家竟早已互不往來了。

愛德華說，自從喬治換了新車，每次開車進後院的車庫都要先輾過他家的草坪，而喬治不但不道歉，還氣呼呼地要愛德華拿出土地所有權狀來劃清界線。不久，喬治找人來裝了籬笆，從此兩家邊界分明，也從此兩人王不見王。

愛德華說到這兒，突然大笑了起來。喬治自作聰明，以為兩家隔了籬笆，井水不犯河水。誰知他圍了籬笆不算，還在車道口加了扇門，擋住了這原本是兩家孩子騎腳踏車的必經路線。為了這門，得在兩邊加立門柱，因此就縮小了門口的寬度，待全部裝立完畢，才發現車子卻再也開不進去了。

我們這才想起，也曾奇怪喬治怎老是將新車停在屋

外，原來如此，喬治意氣用事誤判了情勢。

　　愛德華還說：「我老早就告誡他，做事情要有計畫，想清楚了，再去做。這傢伙，還是那麼毛躁、衝動。」

　　愛德華較喬治年長一些，一向熱心助人。喬治一家也很善良，我們很想幫他們言歸於好，卻找不到好時機。

　　眼見愛德華的門前雪已清完，他望著還在埋頭苦剷的喬治，口中似在嘀咕些什麼。此時，突見喬治放下手中雪鏟，向愛德華走去，在我的驚訝中，只見他對愛德華展開雙臂，兩個大男人竟在雪中擁抱在一起了。我真不敢相信自己的眼睛，正在百思不得其解，卻看到兩人眉開眼笑地一齊走向喬治的車道入口，朝著有如小丘一般的雪堆，你一鏟、我一鏟，你一鏟、我一鏟……。在愛德華的協助下，他們幾年來的心結，就像喬治車道上深深的積雪，一點一點地消失了。

　　　　　　　　　　　　　　　　　　　～2010

對症下藥

　　走進聚會場所，見到住我附近的陳太太也在其中。我高興地上前打招呼，知道是她兒子大衛開車送她來的，就順口徵詢回程可否搭便車。陳太太說，等大衛來時，會同他講，還透露大衛今天脾氣不大好。

　　看到大衛，我問他：「還在生氣嗎？」他難為情地憨笑。我雞婆起來：「什麼嚴重大事？講來聽聽，阿姨幫你分析分析。」

　　大衛說，媽媽每次要他開車接送，出門前總要摸東摸西，浪費他許多時間。這一回，因他與朋友約了碰面，就安排好先送媽媽來聚會，再去赴友人約會，回頭再來接媽媽回家。

　　他事先已千叮嚀、萬提醒，請媽媽務必將要帶的東西早點準備好。誰知臨出門，媽媽還是照樣東摸摸西摸摸，沒搞定。這樣一拖延，耽誤了他與友人的約會時間。大衛又焦急又生氣，故也就沒給媽媽好臉色看。

　　我一聽，笑起來。原來是這點小事啊，其實許多女人都犯這種毛病。於是我說：「阿姨教你一招，但可千萬別讓你媽知道。」大衛點頭同意。

　　「對付這種積習難改的毛病，得要有兩套版本。講定出門的時間，得比原本該出門的時間，提早半個或一個小時，這多出的時間就讓陳太太去磨蹭，待她完全就緒，也差不多就是原本該起程的時刻。你心裡早有數，就不會急躁，陳太太也減少了被催趕的壓力，這樣，你們就能快快樂樂的出門，平平安安的上路，那不是兩全其美嗎？」

　　大衛認為這主意挺不錯。陳太太走過來，大衛摟著媽媽，盡釋前嫌。我與大衛在陳太太的背後互相交換了一個會心的微笑，一起往他的車子走去。

～2011

職 場 飛 絮

愛的抱抱

　　這陣子台灣流行「愛的抱抱」。一些年輕人，為化解社會中人與人之間的冷漠，便以身作則，用 FREE HUG 的方式，在街上與陌生人熱情擁抱，傳遞了人間有愛的溫情。

　　想當年，離開故鄉時，社會風氣仍相當保守。光天化日下公然擁抱，這樣的畫面是不可能在街上出現的。

　　我來到美國後，在一家英商公司工作，是全公司中唯一的華人員工。感恩節前夕，公司曾讓員工帶薪早退兩小時。到了聖誕夜那天，大家自然也盼到了同樣的福利。

　　當我開心地收拾完畢，走出辦公室，走廊上已擠得水洩不通。踮起腳尖來看，好像是電梯出了問題。

　　隨著人群緩慢移動，我才知道，原來董事長站在電梯口，他要親自個別向每位員工祝福聖誕快樂。無怪乎兩個電梯的運轉速度受到影響。

　　在隊伍中遠觀，我發現每個同事在進入電梯前，都得有一段與董事長親親、抱抱的過程，這下我焦慮了。一來我無此經驗，二來尚未適應這種異國文化，想到要與陌生人擁抱親吻，真是彆扭得疙瘩四起。

　　眼看自己距離電梯愈來愈近，心中自是一片忐忑。這時，董事長剛親完我前面的同事轉過身來，我卻突然伸長右手向他說：「祝您和您的家人有個愉快的聖誕佳節！」

　　董事長盯著我這稀有的亞裔面孔愣了一下，隨即放下準備擁我入懷的雙臂，毫不猶豫地也伸出手來與我緊握，還微笑著祝福我和家人有個美好的聖誕假期。真是狗急跳牆、急中生智，我就這麼替自己解了套。

　　如今，美式習俗我已駕輕就熟，在公開場合擁抱也不再彆扭。來吧！讓我也給你一個「愛的抱抱」，請將它傳下去，給你周邊的每個人。

　　　　　　　　　　　　　　　　　　　～2010

紅色打字機

　　「偶而，我會想起，好久以前，曾經擁有過的、那台紅色的打字機⋯⋯」坐在電腦桌前，我回憶自己與那打字機的特別接觸。

　　鍵盤上，我繼續打著，「那時，公司行號都靠打字機來記錄文件、書信。後來，有了電動打字機；又後來，附加了螢光幕，改稱為文字處理機，也就是今日電腦的前身⋯⋯」

　　其實，「紅色打字機」並不是此文的主角，我之以她為名，只是想炫耀一下，讓她罕見的身影，吸引眾人的目光罷了。

　　要談這紅色打字機，還得先由安娜開始說起。

　　我與安娜是在馬路上認識的。

　　某年某月的某一天，我緊握著手中應徵工作的地址，才由地鐵車站走出街來，還摸不清方向，望著來去匆匆的路人，想找機會開口問路。此時，見一位髮綴銀

絲、面容和藹、體態豐腴的婦人，正不疾不徐地朝我走來，毫不猶豫地我趨前請教。

她看了地址，說：「我恰巧也朝哪兒去，妳跟隨我吧。」

我們邊走邊聊，不覺已過了兩條街。她說：「到下個十字路口，我就得左轉，妳再繼續往前直走，約半條街，就可見到妳要去的那棟大樓了。」接著，她掏出一張名片交給我：「我正好需要一位秘書，若是妳不喜歡這家公司，妳可以到我那兒工作。」

名片上印著「某某公司董事長」及一個很長的姓名，她說：「妳可以稱我安娜。」

安娜與我握別，留下一句「祝好運！」就讓那剛亮起的綠燈引到對街去了。

她的承諾似一顆定心丸，我帶著無比輕鬆的心情，朝往目標前去。

抵達目的地，我走向櫃台，窗內接待小姐機械地遞給我一個夾板，要我填寫那幾張表格。我想找張椅子坐下來寫，四下一瞧，竟是座無虛席。一個缺額，一室的應徵者，一色的白種年輕男女。我忖度，自己是剛來美國的菜鳥，這希望實在太渺茫了，何必浪費時間？二話不說，放回資料填寫夾板，便走出了大樓。

　　幾天以後，我與安娜在她的辦公室會面，安娜笑臉
迎接我。

　　這二樓的長方形辦公室中，除了一套沙發茶几外，
靠著牆還立了幾個檔案櫃，有三張辦公桌，兩張橫在中
段，左右並排，另一張則靠近門口處，安娜說，那是我
的座位。

　　為讓我熟悉環境，安娜帶我參觀公司。辦公室的後
方有個小會議室，及含有幾套餐桌椅的簡易廚餐廳，另
有一間盥洗室。沿梯而上，其餘的四層樓，幾乎都是廠
房。員工們以女性居多，她們穿著圍裙、紮著頭巾，操
作著棉紗，說著我不懂的語言，後來才知是俄語。這兒
經營的是被服工廠，安娜說，這些成品除銷售給本地的
公司，也接外埠及國外的訂單。

　　在安娜大略地解說了我桌上的文件、記事簿、檔案
後，我立即分門別類地整理那凌亂的簿本、紙張、文具、
文件等東西，並把電話及一台上了年紀的打字機移了
位。安娜見我已將桌面清理乾淨，還把老骨董打字機移
駕到桌邊小几上。她看著那台打字機說會給我換台新的。

　　她才轉過身去，就聽她嘰里咕嚕地與人講電話。掛
上電話，安娜即對我說：「明早十點，傑森會來接妳到他

店裡，妳可自己去挑選喜歡的打字機。」安娜這麼言出即行，真令我受寵若驚。

隔日，傑森很準時地走進辦公室，他與安娜招呼擁抱。我跟著傑森乘上他的車，左彎右拐了好幾條街，終於在一家店門口停下。「到了！」傑森打開了店門讓我入內，只見滿室的打字機盡入眼底。我以為，打字機就是那個樣兒、那種色調，沒想到，除了我見過的黑色，竟還有金、銀、灰、青、棕、白、藍等各種顏色，看得我眼花撩亂；不光是顏色，還有體積大小、鍵盤設計、外在形狀、功能多寡，居然能變化出那麼多的打字機型來，看來看去，真讓我拿不定主意。

傑森在後頭喊著：「要幫忙就喊一聲。」才應回一聲「OK」，卻忽然瞥見陳列架頂上，有一台像玩具似的打字機，心想可能只是個裝飾品吧。嘴卻等不及：「傑森，架頂上那個可愛的紅色打字機，能打字嗎？」

「當然能，」傑森走過來，「這店裡所有的打字機，都是可以打字的。妳要不要我拿下來讓妳試試？」

傑森爬上梯子，將這紅色打字機拿下來放在我面前，啊！她真是美豔極了，小巧又玲瓏，全身紅得發亮，像性感美女的唇，讓我一見就傾心。說實話，我雖會打

字，但對打字機品牌、性能卻是十足外行。如果光是要我選個美麗的，那這紅色打字機肯定是萬綠叢中一朵最鮮豔的花了。

傑森塞了一張白紙轉入滾筒，讓我試用。我在字鍵上隨意敲打了幾個字，真是一點不含糊地都彈在紙上了，又試了其他基本功能，不由分說，更加令我不忍釋手。但這麼美豔的打字機，好像不合適在那樣的辦公室使用，我有些難為情地問傑森：「你想，我可以拿這個嗎？」

「當然，」傑森說，「她的性能其實很不錯，而且是限量產品。」

想到每天工作有她為伴，我心中好興奮。我竟然未問價錢，以她那麼特殊造型，肯定會貴些吧。

傑森捧著包裝好的打字機，往我桌上一放，就將報價單遞給安娜，安娜瞄了一眼，即刻開了支票，沒二句話，連打字機的模樣也沒瞄上一眼。

安娜並不常在辦公室裡，這天，一個高瘦的男子走了進來，無視於我的存在，我還來不及開口，只見他筆直地走向靠裡邊的辦公桌。我知道，凡要進到這二樓辦公室，都得先經過大門口警衛的確認，想必不是閒雜人士。

這男子，濃濃的眉下藏著一雙看不清的眼，尖削的鼻，挺立在凹陷的臉中央，模樣很陰森。我偷偷地觀察，猜想他八成就是那張辦公桌的主人。只見他拉開抽屜搜索一陣，翻閱著檔案，沒多久，他又伏案書寫了一會兒，打完一個電話，塞了幾個紙夾入公事包，就站起身來準備離去。

經過我桌前，他瞥了一眼：「很漂亮！」嚇了我一跳，待他消失在門後，我才啞然失笑，他讚美的是那紅色打字機啊。

安娜來的時候，我提起那個高瘦男子，安娜沒什麼表情，輕描淡寫地說：「那是李歐。」

安娜和李歐真正在辦公室裡的時間並不多，除了他二人及信差，我幾乎見不到任何其他人，後來才知道，員工們進出樓層都使用運貨電梯，除非有事他們才會進到辦公室來。

曾有位女員工被叫到辦公室，安娜對她聲色俱厲，大概是出了什麼紕漏，那女員工站在安娜面前，緊張地揪著衣角不停來回搓著，那是我第一次看見安娜的臉上堆滿凶煞。

這一天，一名非裔青年推門進來，就直接朝安娜走

去，安娜正在電話上，他就一直立正在安娜的辦公桌前。安娜後來向青年交代一些話，又遞了個東西讓他跑腿去。

　　午後，這非裔青年回來了，安娜拉長了臉，很不悅地質問：「你上哪兒去啦？」

　　青年囁嚅地答話，安娜提高嗓子：「我不相信！你一定是偷跑到哪裡玩去了！」青年解釋路況不順，安娜聽不進耳：「你在扯謊，這一趟路哪需要那麼久？你是趁機辦自己的事去了吧！」我很替那青年難堪，低著頭假裝沒聽沒見，安娜連珠炮似地將這非裔青年罵了個夠，然後說，若是再有一次，就得走人。他走出班公室時，我仍低著頭在側邊小几上假裝打字，我不敢看他受傷的面容。

　　安娜這天脾氣不太好，與人談電話時音調顯得急躁。李歐下午走進辦公室時，安娜正好到樓上去了。李歐與我點了個頭，沒有交談。

　　安娜再回到辦公室時，還是悶悶地不開心。沒多久，她向李歐開了腔，然後他們你一言、我一語地爭論起來，雖然我不懂他們的語言，但我能分辨這是憤怒的對白，兩人聲量逐步高升，簡直怒不可遏，安娜突然衝過去，發狂地抓起李歐桌上電話，奮力地往地上摔去。我驚得

跳了起來，心臟撲通撲通地幾乎彈出胸腔！

　　大戰開始了，我身在最前線，肯定被殃及，為了自保，就趕緊撤退到後方去避難。好在離該下班的時間已不遠，我暫時在餐廳消磨時間，等待戰事結束。直到辦公室回復鴉雀無聲，我小心翼翼地打開門，只見李歐的掌心覆著額，撐坐在辦公桌前，安娜已不知去向。我拿起手提包，朝李歐小聲道了晚安，迅速地溜了出去。

　　隔日，李歐一早就來了。他為昨天的事對我表示抱歉，並溫柔地說：「希望沒嚇著妳。」他濃眉下認真的眼神，充滿了疲累和無奈。我望著他腳步沉重地走向座位，不由得生出同情心來。我不清楚他們昨日為何事爭吵，且不論誰是誰非，今天的李歐是個彬彬有禮的紳士，雖然憔悴面容依然，卻不再面目可憎，掃盡了我先前感覺他陰險的印象。

　　李歐突然想起什麼似地，轉過頭來問我：「妳叫什麼名字？」

　　李歐顯示了極友善的態度，我於是大膽地問：「你和安娜是什麼關係呢？」

　　他長嘆了一口氣，原來他與安娜的先生艾力克，是同鄉又是多年好友，兩人合夥創業，一直合作愉快，事

業也很穩定。沒想到年初時,艾力克不幸在車禍中喪生,安娜就來接替艾力克的遺缺。

「這女人……樣樣事都要管,還一心想改變目前的經營方式。」

我總算明白,李歐為何那麼愁眉不展了。失去了老友兼事業夥伴,已經夠悲慘,沒料到安娜插手後,會有那麼多的麻煩。我相信李歐不是在編故事博取我的同情,其實,我這新來的小秘書,根本也幫不上他的忙,頂多,聽他吐吐苦水吧。

短短幾天的體驗,已印證了那句「不經一事,不長一智」的老話。

安娜對我雖好,李歐也是我的老闆,兩人的緊張關係必將成為我往後的夢魘。我無能為力改變狀況,只能隨時準備應付戰爭的爆發。雖然,我需要一份工作,但我可不想遷就這種壓力。

太容易得到的,要放棄就不難。我對安娜心懷歉意,但慶幸始終沒給她機會對我變臉。

有緣千里來相聚,無緣一切隨風去。這超短的工作紀錄,是無法登上我的履歷表的,但那台打字機,在我茫茫的腦海中,卻依然鮮紅。　　　～2011

打虎女英雄

　　「鈴—鈴—鈴—」是靠走道邊的女秘書桌上的電話在響。

　　我正專注於電腦的螢幕，眼前的任務，就是將已擱延了近四個多月的資料輸進電腦。對我這新進職員而言，不算是什麼難事，但因自己太講效率，又有心求表現，便想以最短的時間，早些趕上進度。

　　「鈴—鈴—鈴—」電話還在響。女秘書不在座位上。我心想對方應很快就會掛掉，不然也會留言在語音信箱中吧。

　　「鈴—鈴—鈴—」我仍忙著趕工，卻又不免分心，每個人桌上都有自己的電話，該不該去接他人的電話？瞧我身後的幾位先進，都無動於衷、充耳不聞，我也就有樣學樣吧。

　　「鈴—鈴—鈴—」不肯罷休的電話仍在響著。我的座位距離女秘書的桌子算是比較近的。但是我新來乍

到，一問三不知，到底該不該去接那電話？

正在左右為難，恰巧瑪莎經過那仍在「鈴——」個不停的電話。我以為她會順手接起電話，至少她比我資深，誰知她並沒有任何舉動。她若無其事地穿過走道，走向她的隔間，抵達她的座位時，那響得筋疲力竭的電話鈴聲才終於靜止。

不料，代之而起的，竟是瑪莎的大嗓門；她嘮叨著，製造十分惱人的噪音，擾得大家無法安靜工作。

我起初沒去管她到底唸什麼經，卻不經意地感覺到，她邊說邊往我這兒比劃：「…某些人…就是假裝沒聽見…連接個電話都那麼懶！那些支那人…來到美國卻不懂規矩…」當時還年輕的我，一時按捺不住，也顧不得什麼教養，就冒出一口大氣：「閉嘴！」

瑪莎出其不意地遭人封口，氣得咆哮：「妳說什麼！」

我心想，瑪莎大約是藉機來整我這新來的菜鳥吧。於是我大義凜然地站了起來，在四尺高的隔牆內，往她的方向大聲回應：「我說——閉嘴！」

只見她倏地由椅上跳了起來，嘴裡罵著，邊朝我這方向衝過來。我見狀也立即起身走出我的小隔間，站在較寬廣的地方，準備應戰。

　　比我健壯許多的瑪莎，氣極敗壞地直衝到我眼前：「妳以為妳是誰？竟敢要我閉嘴，妳得向我道歉！」我也不甘示弱：「我認為沒有理由和必要，是妳在亂講話。」瑪莎惱怒地漲紅了臉，潑婦罵街起來。我刻意與她保持距離地對峙著，她聲如洪雷，還口沫橫飛。

　　瑪莎超級響亮的罵聲，不但引起這層樓同仁的注意，更經由走廊上的樓梯和電梯，傳播到樓上、樓下去了。

　　瑪莎呲牙咧嘴、口不擇言地謾罵著。面對這已失去理性的瘋子，我無所懼也無動於衷，根本不理會她的瘋言瘋語，以免受到影響而隨之起舞。我盯著她不斷扭曲翻攪的兩片厚唇，彷彿在看銀幕上無聲電影的特寫鏡頭。

　　直到發覺周邊圍了不少看熱鬧的群眾時，我才將自己拉回現實。雖然，罵人的話我也會幾句，卻實在說不出口。我不想繼續在大眾面前耍猴戲，於是湊近瑪莎，斬釘截鐵地喝斥：「閉─上─妳─的─大─嘴！」然後，頭也不回地走向座位，若無其事地埋頭照常工作。

　　現場頓時冷卻，一時鴉雀無聲。不久，響起了鼓掌聲、叫好聲和竊笑聲。

　　群眾何時散去，我也沒多加理會。事後，倒是好奇，

當時瑪莎是如何走回她自己的座位的。

　　隔天早晨，我走進辦公樓，在大廳等待電梯。有人對我微笑道早安，還有陌生人叫喊我的名字，對我說：「嗨！」

　　我心情愉快地進了辦公室，才剛在桌前坐定，突然電話鈴聲大作，嚇了我一跳。主任在電話裡說：「妳能來我辦公室一下嗎？」

　　主任昨日正好休假，我想大約是為昨天之事找我。我本欲在心裡打些草稿以便應對，繼而一想，明明是瑪莎先挑釁，自己並沒犯什麼錯。我坦然地走進主任辦公室，她示意我關上門，請我坐下。

　　「昨天的事，我聽說了，幾乎整棟樓的人都知道了，妳做得很好。」主任開門見山。我原本如坐「針」氈，她一句話，我就坐上「毯」氈了。

　　據主任透露，瑪莎這母老虎是個麻煩人物，經常惹事生非，大家都對她很頭痛。她還常威脅要向工會投訴，為了多一事不如少一事，大家都不敢惹她。走出主任辦公室，我打心裡偷笑，呵！沒想到自己還是個「打虎女英雄」啊！

　　瑪莎為逞一時之快，不與人為善，樹敵太多，大概

也自覺無趣，不久就自動離職了。

　　雖然瑪莎曾對我無禮，但她也可說是我的貴人。若不是因她故意找碴，我不會那麼快地為大家所認識，得到認同與肯定，獲得許多友誼並意外的幫助。使我的職場生涯得以一帆風順。

　　　　　　　　　　　　　　～2011

史黛拉最後的生日午餐

聽到史黛拉對著電話筒，大聲地說：「……哈囉，這裡是環保局，我能幫你什麼忙？哈囉，哈—囉—你是從中國打來的嗎？你的聲音怎那麼遙遠？哈囉，你是在說日本話吧？……我怎麼一句都聽不懂？……」一旁的同事們早都笑歪了。年紀一大把的史黛拉，是辦公室裡的活寶。她口沒遮攔，常製造笑料，讓人跌破眼鏡。

這波蘭裔的老太太雖然年長，但並未受到特別敬老尊賢的待遇。西方的文化好像不講求這一套，尤其在職場上。基於勞工法的規範，工作場所不得有種族、國籍、性別、年齡、宗教的歧視，因此，已年過八十的史黛拉仍繼續在機關內任職。

史黛拉在櫃台服務，進進出出的局內人或局外人，沒有人不知道她。她的個性開朗、有耐心，又很有幽默感，還特喜歡吃帥哥、猛男的豆腐。有一次，史黛拉讓一位正在等待取件的年輕小夥子，走到她櫃台前，她盯

著他，沒話找話地說：「你的牙齒長得可真美，又白又整齊，總不會是假牙吧？」

十分愛美的史黛拉，每天上班總是全套行頭，耳環、項鍊、手鐲、指環等一樣不缺。她說，少了任何這些飾物，就彷彿沒穿衣服似地。別以為她講究飾物，是個物質追求者，恰恰相反，她十分節儉，人家是寧缺勿濫，她卻是寧濫不缺，只要顏色上可以搭配，廉價品她照用不誤。「再老，也要漂亮。」是她的人生哲學。

史黛拉自己很少花錢買東西，一身穿戴幾乎都是贈品。可能因她的親友知道她不捨得買，故常會提供物質、生活所需，當禮物送給她。其實，史黛拉在經濟上是無慮的。自她三十八歲守寡以來，除了先生的退休金、社會安全福利金、人壽保險金，加上自己社會安全福利金的收入，老實說，根本無需工作就能過得很好。但史黛拉卻擔心待在家中，會悶出憂鬱症來。

史黛拉沒有自己的孩子；她的親人，除了體弱多病又遠在他州的姊姊，就只有住在新澤西的外甥女了。這外甥女待她極好，逢年過節，史黛拉就會乘火車去她家度假。我問史黛拉，何不搬去與外甥女同住，好歹也有個照應。她說不想麻煩人，外甥女還有三個孩子要養，

蠻辛苦的；她還透露了接濟外甥女一家的事。

　　史黛拉的同事，大多對她省吃儉用，苛待自己，十分不理解。史黛拉卻認為生活上夠用就好。年紀大了，又沒什麼社交應酬；她所需不多，也不講求。史黛拉說，該有的她都有了，很知足。

　　史黛拉胸無大志，不求功名利祿，只想安分守己地過日子，享受每天的生活樂趣。朝九晚五出門工作，生活有規律，鍛鍊自己的體力、腦力。與眾人接觸、互動，避免老年癡呆。對那些常坐在電視機前打瞌睡的老傢伙，她很不屑：「早早就在等死，真是浪費生命。」

　　我雖然與史黛拉在不同的部門工作，但因史黛拉的崗位處於交通要衝，每天總會見面好幾回。偶而經過她的部門，看她總是在忙個不停。櫃台外沒有民眾可服務時，她會去整理檔案。檔案櫃比她還高，有時她得站在踏椅上，才能將文件歸入檔案夾內。有時她還得跪在地上，才能完成最底層抽屜的文件處置。她的精力充沛、工作努力認真，連那些年紀輕輕、還在上學的工讀生，都沒一個能比得上這老阿嬤的勤快。

　　史黛拉八十歲時，同仁們特為她在會議室中舉辦了一個盛大的慶生會，這大概是她這一輩子、除婚禮以外

最風光的時刻。

　　後來，史黛拉知道我真實的生日與她的很接近；我說，當年為入學，生日被改早。她也說，在移民入關時，她的生日登記錯誤，少算了幾天。她推敲了一番，覺得我們可能是同日生，才會如此投緣。往後咱們就一起慶生吧。

　　我原不太在乎過生日，但自從讓史黛拉給拴在一起後，她總會一再提醒我。到了那天，我就負責買蛋糕，她就負責吃蛋糕。我假藉不愛甜食，就請她全權代理。其實我知道史黛拉愛吃蛋糕，但美麗動人的小蛋糕，對她而言卻是奢侈品。

　　平時，史黛拉總是第一個抵達辦公室。因她早睡早起，也就早早出門，又可避開尖峰時刻的交通擁擠。這天，大家陸續走進辦公室，卻沒見到史黛拉，沒聽到她開心的聲音在櫃台後道早安。她的主管丹尼斯說，史黛拉並沒留話說不來上班。或許是地鐵有狀況吧，於是有人打開收音機聽交通電台。

　　一個多小時後，仍無史黛拉的消息，大家紛紛議論這不尋常的現象。丹尼斯向人事處取得史黛拉好友貝蒂的電話。貝蒂說，上周末她們才見過面，並無任何異狀。

但是史黛拉家的電話始終無人接聽。快中午時，丹尼斯派了潘妮開公務車，去史黛拉位在布魯克林的家探究竟。

不久，潘妮傳回噩耗，史黛拉已經走了。整個辦公室裡頓時引起一陣騷動，大家不停地談論著有關史黛拉的話題。

下午，潘妮返回辦公室。她說，到了史黛拉的家，按鈴、敲門都無人應門。不得已只好向其鄰居打聽、求助，並借了梯子，攀爬上史黛拉家的窗沿，赫然見到史黛拉倒在廚房的地上。

潘妮撥打 911 報案，不久，救護車、警車都來了。幾名員警幫著撬開大門，躺在地上的史黛拉已無任何生命跡象，醫護人員估計，她的死亡，至少已超過兩天了。

我從未料到史黛拉會是這樣離開人世。我翻開腦中的回憶簿，曾有如下記載：

年初的一場大雪過後，寒冽的低溫，將一地的雪都凍成了冰。許多同事都乘機藉故請假。誰知，史黛拉卻仍在這種惡劣的天氣出門上班。

史黛拉走出地鐵後，還得穿過一個相當大的的停車場，然後再越過兩條街才能抵達辦公室。這天，她難得遲到了幾乎半小時。她正為遲到感到抱歉，上司丹尼斯

卻怪她：「妳真不該來上班，妳知道在這種天氣出門有多危險嗎？」

史黛拉這才說明她遲到的原因。她在鋪滿冰雪的停車場上摔了一跤，花了好大的勁才爬起來。大家一聽，都說要叫救護車，讓她去醫院檢查，照 X 光片。她卻堅持不肯，還說自己沒事。丹尼斯只好差人開車送她回去，還強迫她整個星期在家休息，不許進辦公室。

再見到史黛拉時，她氣色不太好，雖然塗了些脂粉，仍掩不住憔悴。史黛拉挽起袖子，讓我瞧她紅腫的右手腕，她竟然未曾去看診驗傷。她說自己有敷藥，也服了止痛藥；她絕不要當凱子去給醫生送錢。史黛拉自我安慰，大概再過幾天就會完全消腫了。

起初大家都勸史黛拉去就醫，她大概聽煩了，以後乾脆絕口不再提自己的病情，也不太與人說話了。因此，也就沒人清楚她復原的狀況。

一向注重打扮的史黛拉開始邋遢起來。有一天，見到她的上衣竟漏扣了扣子，我消遣她：「妳是在賣弄風騷嗎？」看她有些尷尬，我就隨手幫她扣上了。

又一回，在女衛生間裡，史黛拉翻起上衣，讓我看她別上別針的寬鬆裙腰。我知道史黛拉向來在乎體重，

她很歧視肥胖族，認為他們不控制飲食，蹧蹋健康，又讓自己難看，簡直不可原諒。當我看到她明顯縮小的腰圍，還調侃她：「妳已夠苗條，可以停止減肥了。」而我並沒想到，那時的她，身體已經出現問題。

史黛拉部門的同事，曾見她以幾片餅乾充饑當午餐，都搖頭嘆息，背地裡批評，她若不是在刻意減肥就是為了省錢。辛苦地賺錢，難道不該好好慰勞、犒賞自己，盡情地享受人生嗎？她怎麼老想不開呢。

那一日，我見史黛拉衣裝有異，仔細一瞧：「史黛拉，妳的毛衣穿反了耶！」她竟然怒起臉對我說：「我是故意的！」

我讓她的反應給傻住了。這麼多年來，總共只有那麼一次，為了路易士，史黛拉曾同我翻過臉。

那名叫路易士、有四十年年資的老同事，後來調去另一樓層工作，他偶爾會來打招呼。我就對史黛拉說：「妳的男朋友又來看妳啦。」史黛拉會神氣地回道：「誰希罕這老頭兒！」其實路易士比史黛拉年輕，只是樣子顯老罷了。

某日，我外出買午餐，在電梯裡遇見路易士。他也想吃中國菜，但擔心太油、太鹹還有味精。我打包票幫

他點菜，告訴餐館，這老外有病，需特別調理。

　　下午路易士特地來謝我，說那份午餐正合口味，美味極了。史黛拉誤以為我與路易士共進午餐，氣得整個星期不同我說話。

　　史黛拉一向好脾氣的，怎麼突然變了樣？大概是她心情不好，才說氣話吧。我想讓史黛拉開心，便問她：「今年想怎麼慶祝我們的生日？」她卻將問題又還回來給我。於是我提出主意：「我們上餐館去打牙祭。」史黛拉似乎很興奮，開始數算日子，逢人便說她八十五歲生日就快到了。

　　終於到了我與史黛拉生日的那天，她一大早就出現在我的部門：「我們何時去午餐？」我告訴她十二點鐘會去找她。

　　十點多些，她又來找我：「我們是十二點才去，是嗎？」其實我的午餐時間是一點鐘，為遷就史黛拉才臨時調整。

　　不久，史黛拉的同事過來告訴我，聽史黛拉說，我要請她吃午餐，她今天連早餐都沒吃。我一驚，她八成是餓壞了，才三番兩次來暗示。我趕緊找出餐館的菜單，拿去給史黛拉，謊稱臨時有工作要趕，恐怕到時走不開，

請她任點愛吃的菜，我要餐館早些送過來。

　　十二點剛到，史黛拉的部門就已香味四溢。有人尋著香味，看到史黛拉正在狼吞虎嚥。大家都驚訝不已，節儉成性的史黛拉，竟然獨自在享用大餐？

　　聽說這是我送的生日禮物，有人開始懊悔，沒參與幫她慶生。其實史黛拉起碼已唸了不止一個月，只是大家都當耳邊風。

　　史黛拉在冰天雪地中摔倒，是她健康每況愈下的主因。我想，史黛拉的傷勢肯定不輕，手腕雖消了腫卻有後遺症，已對她的生活造成嚴重影響，她沒有精神、體力為自己烹調，她的身體也因營養、飲食不足，而逐步虛弱。

　　據潘妮說，在史黛拉廚房的地上，還有一瓶尚未開啟的食物，就躺在史黛拉不遠處。可以想像，已餓得有氣無力的史黛拉，連扣衣扣都有困難，那要使出多大的勁兒，才能旋開那緊封的瓶裝食品啊？她必是用力過猛才讓自己又摔倒在地。

　　記得多年前曾問過史黛拉：「妳活得那麼久，這一生有遺憾嗎？」她連想也不想：「會有什麼遺憾呢？活的時候快樂地活，該走的時候就走嘛！」我想，史黛拉應該

不會介意自己這麼匆匆地告別人間。

　　史黛拉，一個平凡的小人物。她的結局，其實與一個非凡的大人物也沒什麼兩樣。該走的時候就走嘛！

　　到現在，每當提起史黛拉，大家都還記得，在史黛拉的最後生日，她曾非常難得地享受了一頓豐盛的中式午餐。

～2011

植物收容所

　　女秘書即將要退休了，她對我說：「我想來想去，只有妳最合適。妳願意接手養育我的貝貝嗎？」她對我的信任，使我感動，也就答應所託。女秘書於是捧起她桌上的那盆植物，往我懷裡塞，還依依不捨地：「貝貝，以後就讓妳後媽來照顧妳了。」

　　那時我的座位不靠窗邊，沒有直接的陽光。桌面又太擠，只好將這綠寶寶擱在檔案櫃的頂上，正好迎著天花板上的一片燈。每天早上，我抵達辦公室的第一件事，就是幫貝貝淋浴，噴得她一身水珠珠，有如出水芙蓉般嬌媚。

　　貝貝在我細心地照料下，逐漸成長。不久，就茂盛得伸展枝葉，到隔板的牆外了。這片隔板牆，區隔了辦公室與走道，是眾人進出辦公室的必經之處。貝貝青嫩嫩、綠油油的葉片垂掛在淺灰色的牆板上，引起許多人的注意與讚嘆。每當有人讚美貝貝，我這後媽，就甚感

與有榮焉。

對於植物，我其實沒多少學問，連貝貝的學名都不清楚。但由於貝貝的緣故，我得了「綠拇指」的封號，開始經常有人來向我求助。

家住公寓的同事 A 說，她買了個花盆，但盆底的洞好大，填上的泥土，都漏了出來，怎麼辦？我教她在盆底先墊上兩張咖啡過濾紙，她極為佩服地說，怎麼自己都沒想到。

正要出國度假的同事 B，行前特地來拜託我，幫忙照顧她的兩盆植物。我想，貝貝獨自一個是挺寂寞的，多兩個同伴也好。這兄弟倆瘦瘦小小，一副營養不良的樣子。我將它們放在貝貝的兩邊，好向貝貝看齊，學習怎麼快速健康地成長。

B 度假回來，見兩個寶寶變胖又變高，便同我商量要求寄養。我與這兩寶寶相處了四個星期，已有了點感情，也就歡喜地同意了。

同事 C 的植物有狀況，帶來看診。我讓它躺在日光燈下，觀察到這病懨懨的小東西身上長了些白點點，經我這蒙古大夫診斷：「八成是得了皮膚病。」就用棉花棒沾稀釋過的酒精，一一剔除那白絨絨的病毒。又將它抱

到水槽裡沖洗淨身，還擠一些洗手精散在泥土中，預防害蟲入侵。再掘鬆土壤以減少壓力，讓它有自由生長的空間。

幾天後，這寶寶的葉片全舒展開來了。又過幾個星期，竟然有個小葉芽由葉梗裡鑽了出來。同事 C 很高興：「它的命是妳撿回來的，我看，它跟著妳過日子會比較幸福。」我不忍拒絕，便又收留了它。

眼見同事 D 的植物，許久忘了澆水，已奄奄一息，正準備遺棄。我注意到有幾片葉，仍緊抱著枯乾的枝苟延殘喘，就生起慈悲心想救它一命。我小心翼翼地切下那幾片葉來，讓它們泡在水裡好好養生。不久，葉梗的尾端溜出了白色尾巴。有了根，就可往土裡栽了，於是我又添了個新寶寶。

有人贈給我上司一盆小桔樹，個兒與我一般高。它多枝多葉，還結小果子。誰知，沒多久就彎腰駝背，萎靡不已，上司見其生命恐有旦夕之危，就找我諮詢。我取了細繩，先將其主枝吊得抬頭挺胸。再研究它年紀輕輕就葉落滿地的原因。最後為配合陽光和風水，還將它移了位置。漸漸地，它回復了英姿。我對上司分析，它大概是感應到有人在關心，才會發憤圖強要生存下去。

我妙手回春的事蹟一一傳開，大家就開始稱我「Dr. Plant」了。

同事 E 覓到新職離去後，他所有的植物，又轉移給了我。此時，我有限的空間已容不下任何植物。只好按時去 E 家寶寶處，給他們淋浴、餵水，順便給它們理髮整容。

不久，我獲得升遷。一個靠窗的座位，是我向上級唯一的要求。終於，我讓所有的寶寶們，在幾片大玻璃的窗台上，團聚成了一個大家庭。一起享受陽光照射，欣賞飄在天上的浮雲、飛過的鳥兒、窗外的建築物和街上的車水馬龍。

在這麼一個優質的環境下，我卻發現，有幾盆植物顯出鬱悶不樂，綠臉蒼白了，葉邊焦黃了，葉肉也皺了皮。我忖度自己的醫術已黔驢技窮，為了能讓綠寶寶得到更適當的照顧，唯有往圖書館去取經。

由於我對植物的認識所知有限，寶寶們的姓名，大半不詳。故只能翻閱那些有彩色圖片的植物書籍，看圖識字了。

經過了知識的吸取，我這才知道，植物寶寶與人類的孩子沒兩樣，都得因材施教。便依據各個植物的屬性

重新安排，調整住宿。那些不能忍受直射陽光的寶寶，就移置分散在我的檔案櫃及桌面上。原來，沙漠植物吸收過量的水分，就會爛了葉、腐了根；而蕨類又得經常維持其濕潤。照料植物不但餵水有講究，添土、施肥有時候，長大了還要分株、換盆，真像是在養孩子一般。

　　大家看到我對待植物的用心，於是，想棄養的、暫時寄放的、有病懶得救的、出了問題無暇管的、老會忘了澆水的……，乾脆全都往我這兒送。不知不覺，我就成了「植物收容所」所長了。

　　幾年下來，雖然已植物滿窗台，但每當看到躺在休息室垃圾桶旁的無主棄兒，我還是會於心不忍地抱回收容所，修剪枯枝爛葉，加土施肥。

　　所謂「收容所」，不就是要收容無家可歸、無人關心的弱勢嗎？因此不管大小、無論貴賤，包括來路不明的，凡需要照顧的，我都義不容辭地收留，並盡心盡力地養育，因此我的寶寶也就愈來愈多了。

　　這些植物，有許多由小芽一點點成長，至枝葉茂盛成株；又見綻放的花開，至枯萎的花落；在養育它們的過程中，一路陪它們成長，也深深領悟到生命的真諦。這些綠寶寶美化了我的工作環境，也因有他們的相伴，

使我工作上的壓力得到不少紓解。

　　我的同事們，也常會到我的植物收容所來散心。尤其花開時節，更吸引了不少人來欣賞美麗的花朵，觀看欣欣向榮的綠葉。這些植物與世無爭，默默地散發它的清香，展示著不同的嫵媚風情，令人賞心悅目。多年來，無論在工作上、或與人相處的交流上，它們已不經意地成了無言的和平使者。

　　光陰荏苒，「植物收容所」的寶寶，已有不少子孫早移民他處。仍留在收容所內的，仔細一算，尚還有大大小小共三十二盆。上司的那棵金桔樹，最後也被送來收容所。它曾因受挫而不再結果子了，但枝葉健康，個兒還高出我許多。

　　天下無不散的筵席，這回，輪到我改換跑道。在我未來的生涯規畫藍圖中，收容所的綠寶寶們，並不包含在其中。我不得不捨棄他們，它們的許多分身，早已與我共居在同一屋簷下。現實考量，它們實在難有立足之地。

　　離別的這一天終於到來。在卸下「植物收容所」所長任務的最後一刻，我仔細地瀏覽了綠意盎然的窗台，珍惜著曾經的擁有、及共度的美好時光。

　　然後，像多年來的每一個黃昏，我關上電腦，熄了案頭燈。茫然無知的寶寶們，仍然在染紅天際的夕陽斜暉下，眉開眼笑地對我道「晚安」。這一回，我只能在心裡說：「自求多福了，寶寶們。」

　　人各有命，植物亦然。我往玻璃窗貼上一張告示，「期盼善心人士領養，綠寶寶急需你的愛心照顧。」

　　走在通往電梯的長廊上，突然憶起小時候，受到《孤雛淚》、《苦兒流浪記》等故事書的影響，曾興起了長大後要開辦孤兒院的念頭。回想二十年前，自己與貝貝結緣，爾後就照顧起了這一大群的綠寶寶。冥冥之中，這「植物收容所」，也像是圓了我兒時的夢了。

～2011

生 活 插 曲

何　必　問

離家多年，返臺探親。

母親抱出一個紙箱說：「這些是妳當年沒帶走的信，一直沒敢扔掉，妳自己看要怎麼處理吧！」

打開紙箱，一紮紮、一綑綑的信呈現眼前。這些信，來自沒有電腦，家用電話也尚未普及的年代。泛黃的信封上，還貼著早已絕版的郵票。

有如見到久被遺忘的寶藏出土，令我感到驚喜。翻著這些老舊的信札，有些竟還來自小學的同學，雖然彼此早已失去聯絡，但看那努力工整的筆劃，密密麻麻地排佈在信紙上，內容卻十分的遙遠，我還得將記憶倒帶回到當時年輕的歲月。

在一旁的母親，好奇地問：「妳怎麼連寄給別人的信也留啊？」

「哪個別人？」我也覺得奇怪。

「我看到有幾封信上寫著『何碧問』小姐收，怎麼

會在妳這兒？」母親認真地說。

　　我一聽，忽想起確有這麼一回事，不禁哈哈大笑：「那個『何碧問』，就是我啦！」

　　我見母親有如丈二金剛摸不著頭腦，困惑極了，就向她講述這事的來龍去脈。

　　記得那時還在上中學，放學後，常到離家不遠的圖書館做功課。有個小男生說想同我做朋友，還尾隨我回家，並不屈不撓地問：「請問小姐貴姓芳名？」

　　我不耐煩地說：「我的名字？何必問！」。為了避免麻煩，此後就不再去這圖書館。沒想到，過了好些天，這愣小子竟寄信來給「何碧問」小姐了。

　　母親聽完笑得前仰後合：「真有那麼呆的男生嗎？」

　　那年代所發生的事，在如今看來或許十分可笑，可能也難以理解，但是生活軌跡上的足印，很難否認它的存在。

　　我抽出幾封老友的信來讀，由字裏行間，我聞到稚氣的思維，聽到赤裸的傾訴，也見到了他們喜怒哀樂的心境……咀嚼著這幼嫩的滋味，重溫當年純真的友情，竟使我溶入無窮趣味之中。

　　我慶幸母親還為我保留著這些舊信，一封也沒丟

掉。這些信，埋藏了許多我早已淡忘的故事。蓋上紙箱，我決定將它全部運回紐約，也包括那僅一面之緣的小男生寫給「何碧問小姐」的信。

～2007

講　中　國

　　妹妹從小對接電話很感興趣，每次電話鈴一響，她跑得最快。經過幾次電話禮節調教，她更獲得不少讚美，來電者都誇獎她不但國語說得好，又有禮貌，令妹妹很有成就感。

　　開始上學後，妹妹還會以文字記下所有的來電，不會寫就用畫的。總之，她用自己的方法記錄，又能一清二楚地轉達訊息，從沒出過差錯。

　　這一天，妹妹竟苦著臉告狀：「有一個叔叔要找爸爸，我問他說，『請問您是誰？』他不說，還一直要我speak Chinese。」妹妹氣呼呼地抱怨：「我一直就是在speak Chinese嘛，他怎麼都聽不懂我？」

　　看妹妹那樣受挫，也真心疼。大家都認為妹妹的國語說得不錯，怎會有這個怪叔叔故意來找碴？真是百思不得其解。

　　左思右想，依照妹妹的記事的方法：Dirty(張)叔叔，

Close(關)阿姨，Red(洪)媽媽，Fish(于)伯伯，Zero(林)婆婆……。我突然靈感沓至，便去問外子：「你可有認識什麼朋友，名字叫『說華語』或是『講中文』的嗎？」

他想了想，竟然說：「叫『講中文』的沒有，叫『講中國』的倒有一個。」

「什麼？真的有人取那麼奇怪的名字？」

「不是那個『講中國』，是同音字啦！」待外子解釋完，我已忍不住笑得東倒西歪，顧不得可憐的妹妹在一旁莫名其妙地乾瞪眼。

想到我們這盡忠職守的妹妹，三番兩次問來電者是誰時，對方卻一直對她說：「蔣忠國」、「蔣忠國」，真是讓妹妹情何以堪，不生氣也難。　　　　～2009

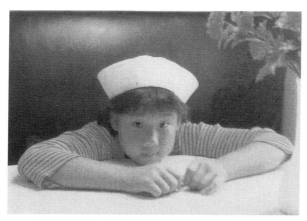

作者小女兒鄭凱若 Carol F. Cheng
如今是律師

奴隸變總統

　　凱希剛過八歲生日，小她一歲的妹妹凱若突然對姊姊異常地尊敬起來。

　　凱希說：「我口乾。」凱若就立即去倒水，再必恭必敬的奉上。後來又發現向來很有個性的凱若，居然對姊姊服從到一個命令一個動作的地步，真讓我打心裏偷笑。

　　直到一天，正巧看到姊妹倆放學回來，凱希在前面大搖大擺地走著，凱若則跟在後面……，竟然背著兩個書包！我真不敢相信，這完全不像本性善良的凱希的作為啊。又長大了一歲，應該更懂事，怎麼反倒欺負起妹妹了？我抑住心中的疑慮，暫且不動聲色靜觀其變。

　　兩人進了門，只見妹妹將兩個書包直接的就背往樓上她們房間去。我將凱希拉到一邊悄悄的曉以大義，大姊姊應該愛護小妹妹才對，怎可不背自己的書包卻讓妹妹來背呢？

　　凱希瞪著一雙無辜的眼睛望著我說：「可是，那是妹

妹送給我的生日禮物啊!」

我不解地問:「什麼生日禮物?」

「凱若說她沒有錢買好禮物送給我,就一定要做我的 slave(奴隸)當我的生日禮物嘛!」凱希一口氣說完,真相大白。

轉眼,小奴隸凱若已成長到了有選舉權的年紀。這年正好是總統選舉年,她興奮地投下了神聖的第一票,好學的她也乘機學得幾個新的中文生詞如:投票、選舉、總統等等。

學校放假,孩子都回來了。這一天,友人們來訪,凱若幫忙招呼著客人,大家都誇讚凱若的中國話說得越來越好。

凱若很得意的告訴叔叔阿姨們說:「因為我在學校是中國同學會的總統。」

聽到這話嚇得我下巴都幾乎落下地來。

～2006

糊塗父女

剛出嫁不久的女兒回來搬取一些私人物品，走得匆忙，竟將她的手機遺留在架子上。

現在年輕人一支手機走天下，不像咱們，還是繼續保留一支主機坐鎮家中為對外連絡的主角。想到女兒找不到手機，又想不起在哪裏丟了，一定會焦急，我兩老也不免為她擔心。

她老爸在屋裏來回踱步不停念著：「真是個糊塗蟲，拿了這個，忘了那個。」

過一會兒，他卻洋洋得意地對我說：「我己經打電話告訴女兒，手機在我們這兒了。」

「你同她連絡上啦？」我感到很欣慰。

「沒有。但是我留了話。」

我又驚又疑：「你留話在哪裏？！」

「我打她的手機，可是她竟然沒開機，我只好留話了。」

倒底誰才真糊塗？　　　　　　　　　　～2006

婊　哥

　　婚後不久，婆婆就來美與我們同住。因婆婆能寫出一手工整漂亮的字，於是親戚間的書信往來及各個婚喪、賀節、慶生的卡片都一直由婆婆代書。

　　那年歲末，婆婆因有事返回台北。臨行她特別交待，寄聖誕新年賀卡給在美親戚時，附加一句她的囑筆問候，那樣她就不需再由台灣另寄了。

　　年節在即，外子開始寫卡片給眾親友。才給最年長的姑媽寫完祝賀詞句後，就開始傷腦筋，落款應該自稱「侄」還是「姪」？

　　他想不出個所以然，便來問我：「妳的中文比我好，妳說應該用哪一個？」

　　我被他高帽子一戴，便隨口說：「姑媽是女的，從『女』邊吧。」

　　他寫完了長輩，再寫給平輩。他的堂表兄姐弟妹雖分散各處，但還不算多，不久就大功告成，核對名單無

一掛漏。

　　過了幾個星期，婆婆打電話來說，在洛杉磯的大姑媽很生氣的打電話給她興師問罪。婆婆怪我們不該寄那樣的卡片給姑媽的寶貝兒子。

　　外子掛上電話，自言自語的嘀咕：「難怪都沒收到表哥的回卡。」

　　經我追問才知道，他竟舉一反三，稱他們為「親愛的『婊』哥『婊』嫂」！也難怪把他們一家人給氣昏了。

　　外子還理直氣壯，「妳不是說姑媽是女的從『女』邊嗎？那姑媽一家人豈不也都應從『女』邊……。」

　　　　　　　　　　　　　　　　　　　～2006

我 姊 夫

　　校友會餐聚，一位新入會的校友，帶了個朋友同來參加。聽她向人介紹說：「這是我姊夫。」我見這西裝筆挺，頭髮梳得工整的中年男士，心想，這姊夫，大概是正好來紐約談生意，小姨子為盡地主之誼，邀他來一塊兒湊個熱鬧吧。

　　數月後，另一次活動中，又見這「姊夫」與小姨子一起出席。我打心裏奇怪，這姊夫怎麼還沒回去？生意還沒談完嗎？

　　這回正好坐同桌。雖然大家互相不很熟稔，姊夫卻很熱心照顧同桌的女士們。我說，「姊夫」是客人，怎好老讓「姊夫」為我們校友服務呢？

　　第三次再見到姊夫時，我想，也該有個正式的稱呼吧，便去問他的姓名，他忙掏出名片遞給我說：「我叫沃傑夫，請多多指教。」

～2009

練　錯　功

外子退休後，經友人慫恿，一大清早就到公園與健身族們一起練功，想要練個百病全消、延年益壽、長生不老。

第一次練回來，他說全身筋骨都舒爽了，還直誇那師父傳授有方，鼓吹我也該去鍛鍊一番。為彌補五個上班天的損失，每到周末，賴床就成了我的一大享受，怎也不肯犧牲。

外子卻不斷地給我思想改造，好吧！姑且將心一橫，這周日就奮發圖強，喝完一杯濃咖啡，便隨他去了公園。

沒想到早起的人們可不少，各個都想練出健美之身似的。

在林子裡，我找到一個能清楚看見師父的位置，便跟著依樣畫葫蘆。遇上轉身動作時，我還可跟著左、右、前方的學員照樣比畫。這些人跟隨師父多年，早已得心

應手，駕輕就熟。

　　我初來乍到，心想只有向本尊學習才能得著真傳。於是緊盯著赤膊的師父，他做啥，我就做啥，一點也不敢馬虎。師父的這套經絡操，包含了部分的太極拳、外丹功、氣功、香功、難老術等各家功夫，像是集大成的健身法。

　　師父還會在做操的過程中，加上一些特別的動作，例如，突然右手朝左臂上拍一掌，過一會兒，又以左手往右肩用力拍去，啪聲清脆嘹亮。

　　但師父有另一個招數我從沒學過，他兩手搗在臉上，再各自往左右畫去，雙手再往兩邊甩一下。我跟著照做了幾回，卻注意到那些老學員似乎都未跟著做，心中很納悶。

　　此時突感到手腕刺痛，眼見一隻小蚊子，正在享受它的「中式早餐」，不由分說立即賞它一記鐵沙掌，「啪」的一聲，又響又脆，同師父拍臂打肩如出一轍。咦？莫非師父那兩掌，打的是「滅蚊掌」？回想起來，剛才跟著打得霹啪響的，好像也只有我一個人耶。

　　這下，我頓悟了，原來師父撫臉又甩手的那一招，其實是師父的「抹汗功」啊！　　　　　　～2009

鳥事一籮筐

鳥　緣

剛來美國不久，我坐在中央公園的長椅上，群鴿眾鳥四處翩飛，見人餵食，便全都圍攏一起共享美味。不禁使我想起故鄉街邊的小食攤，那張貼著「烤小鳥」的廣告。

眼前這一大群鳥族，從不需擔心被活逮了去祭人類的五臟廟。看牠們自由自在、無憂無慮地在公園內飛翔、跳躍、嬉戲，真是幸福啊。

生為鳥兒真不錯，尤其是美國鳥，我對鳥兒的關注自此而始。

一日突生謬想，說不定自己曾經就是隻鳥兒，不然為何如此在乎身邊的鳥事呢？

這天，朋友請客，點了盤名菜「烤乳鴿」。眾人大快朵頤之際，唯獨不見我舉筷，朋友邊嘗邊推薦，我無奈冒出：「我…不吃我的朋友。」

一時眾眼圓睜，盯著我不明所以，外子慌忙解釋：「她一直以為，她的前世是隻鳥。」　　　～2016

仲夏哀歌

　　搬進新家的第一天，聽到唧唧喳喳的鳥聲，非常熱鬧。好像是這兒的原住鳥給我們的歡迎儀式。

　　我在屋內四處走動，打開每一扇窗，尋鳥。直到上了二樓，發現窗外鳥聲特別嘹亮。探出頭出去，只見鄰家閣樓的通風窗口，有四隻羽毛未豐的小小鳥正排列在窗椽邊，每隻都張著好大的嘴，像在哭爸喊媽：快快給我東西吃！

　　不久，飛來一隻大鳥，但是唧來的食物只夠餵一隻小鳥，當一隻小鳥在狼吞虎嚥時，其餘的三張鳥嘴仍然不停地哭嚎，鳥爸也幫著叼食物來救援。同時要養四個孩子可真是不容易啊。

　　每經過二樓的窗子時，我這個愛管閒事的鄰居，總會習慣性地仰望一下鄰家的閣樓，看看隔壁那一家六口子在做些什麼？

　　以鳥類而言，那閣樓寬敞，地勢良好又安全，除可

避免被風吹雨淋、烈日曝曬外，又不用擔心遭到其他動物的襲擊，尤其窗口的空氣和陽光更令他們感到無比舒適。

這幾隻小小鳥總是圍在窗邊往外瞧，似乎對這個世界充滿了好奇。有時見牠們擠在鳥媽媽的羽腹下撒嬌，享受著家庭的溫暖。

這天，聽到小鳥兒唧喳不停，原來牠們正樂不可支地在車道的上空練習展翅。看牠們不倫不類地亂飛一通，真令我捏把冷汗。

可能因生長在閣樓的小窗內，視野很有限。由牠們的小小鳥眼裡看出去，除了我家的側邊，就只有屋頂上的一小片天空，牠們還真沒什麼機會見識其他鳥類的飛翔。有一隻還以為自己揹著降落傘，啪啪啪幾下就降在我家樹叢上了。我注意到鳥媽媽一直立在屋頂上觀看牠的孩子們。

後來，突然發覺那閣樓變安靜了。原來小鳥兒們已離開父母遠走高飛，自行闖蕩江湖去了。

那是一個非常炎熱的夏日午後，突然聽到鳥兒淒厲地鳴叫。鄰家鳥媽正在屋簷上焦慮地來回走動，且發出傷心欲絕的哀鳴。我轉頭，發現鄰家閣樓的窗沿上掛著

一個小東西，而上頭的抽風電扇正呼呼地使勁旋轉著。

　　我的心頓時揪痛起來。想像歸巢似箭的鳥爸，像平日一樣，總是很帥氣地由屋頂「刷」地一下就直衝進閣樓小窗，我想牠甚至閉上眼都能零失誤的，萬萬沒料到這回卻將自己送入死亡的大風扇中，如此悲慘地斷送了小生命。

　　看著吊在窗邊的半截鳥屍，及那隻悲傷的未亡鳥，我只能忍不住落淚。

　　隔天，我去拜訪鄰居，告知閣樓上的意外事故。老太太說，等哪一天孫子來了讓他爬上去看看。

　　過不久，鳥爸的屍體被移走了，小窗給拉下了窗葉，這窗葉可能年老失修，沒能全關上，或是故意在底部留個縫好流動屋裡的空氣吧。

　　第二年的夏天，我發現一隻正在唧鳴不已的鳥，徘徊在鄰家的屋簷上久久不肯離去，牠所在的位置，提醒了我去年此時的悲劇。莫非是那鳥媽特地前來悼念已逝去的伴侶？

　　如今，憶起這意外事件仍是心有戚戚。

～2016

流　氓

　　幾隻小麻雀圍著啄食，忽然天外衝來一隻巨無霸，嚇得小雀們四處逃竄。這隻霸王鳥比小雀大上許多倍，牠不分青紅皂白搶了地盤，還獨占食物。小雀們自然心有未甘，不時想著偷襲反攻。但只要牠們稍有輕舉妄動，這流氓鳥的喙就朝那欲越雷池的小雀啄去。

　　可憐這些小雀只能慌在一邊，眼睜睜地看到食物一點一點地被吞沒。其實小雀們若能團結一致，同時進行包抄攻擊，雖以小搏大，但眾志成城，驅逐這霸道鳥不是沒可能，但小雀的小腦袋就是沒想到這策略。

　　眼見小雀們頻頻靠近又被逐遠，我這仗義的旁觀者實在看不過去，順手揉起一團大紙球，打開紗窗，狠狠地朝那橫蠻無理的流氓擲去……此時，防火警鈴突然大作，轉身一看，爐上正冒著濃濃的白煙，鍋裡燒的東西已焦成一片了。

　　為了這些不時來訪的鳥友，我的廚藝早已大不如前。俗話說得對，真是一心不能二用。

～2016

驚世美聲

　　美妙奇異的眾鳥混聲合唱吸引了我，聞聲尋覓來到屋前，卻發現樹上竟只有一隻鳥。那千迴百轉的曲調竟全出自一隻小小鳥之口，多麼意想不到。

　　我陶醉在優美的旋律中，驚嘆小小鳥兒竟能發出如此變化多端的聲韻，且轉換得如此悅耳動聽，我心中不禁澎湃著感動。

　　環顧四周，覺得自己真是幸運，可惜卻無人與我一同分享這現場的鳥曲表演。心念一起，我即刻往屋裡奔去。當我拿著錄音機返回原處時，四周已是一片靜寂。

　　牠飛走了。

　　對著沒有半隻鳥的樹，我感到非常失落。是否，牠誤以為我不想當聽眾，才半途跑開？還是，我突然的動作嚇飛了牠？

　　仰望著藍色的天空，我心中歉疚地呼喚著：回來吧，回來吧，小鳥。

　　然而，卻只有那一朵靜靜飄過的白雲，看透了我沒有把握時機，盡情享受當下的懊悔。

～2016

執著小雀

　　一隻小雀由草叢中啄起一根麥冬草，那一排草，就像剛爆過的煙火，長長地彎下來，每根草，都比那隻鳥身長好幾倍。

　　這雀兒咬住草尖，退著身子往後拉扯，似想將之連根拔起。殊不知這株草尚未有冬眠的準備，依然裹著青綠外衣，且還很有彈性。只見小鳥使出了蠻勁，用力地拉扯之下，竟像個回力球，狠狠地被彈了回去，還在空中打了好幾個轉，看得我忍不住哈哈大笑。沒想到牠竟不屈不撓，又啄起另一根草芽再試。

　　我不知道牠為何不選擇已枯萎的草，那不是容易得多嗎？

　　但這隻小雀就是有個性，為了等待結果，我姑且放下一切，專心看牠表演。只見牠為了與一根草角力而讓自己翻來轉去，我都暈了，牠卻仍堅持地一試再試。最後，牠終於成功地扯斷了小半截較脆弱的草，滿足地啣

著這一段小草飛走了。

　　我有感地目送牠一個「有志者事竟成」的匾額，隨著牠展開的小翅，飛向理想的未來。

　　　　　　　　　　　　　　　　　～2016

糊塗情侶

　　一天傍晚，我正在預備晚餐，見到後院車房前的水泥地上，一隻可愛的小鳥在那裡蹦蹦跳跳，還很高興地啾啾啾地唱著歌。

　　這隻鳥我未曾見過，照例要先觀看一會兒。沒想到晚餐都已結束了，牠仍在車房前面的水泥地上自得其樂。直到天色已黑，還是可聽見牠發出的啾啾聲。

　　夜半醒來，耳邊還響起啾啾的鳥聲，我還以為是自己的夢中幻覺。然而，我發覺鳥聲來自後院巨大的橡樹，且確定是同一隻鳥。在高高的樹上，牠的聲音可以傳得更高更遠。我不免覺得奇怪，這隻鳥為什麼不眠不休地整夜啾個不停？一直到第二天清晨，牠才終於靜止了下來。

　　第二天傍晚，我一如往常在準備晚餐，又看到車房前面的水泥地上有一隻小鳥在那裡逛來逛去，到處東啄啄西啄啄。牠的長相與昨日傍晚的那隻鳥非常相似。我

覺得蠻有趣，就特別關注牠。

　　這隻鳥，並不去花間、草地、樹叢遊戲，牠只在車房前面的水泥地上愉快地遊蕩，不時發出唧唧叫聲。

　　一直到天快黑的時候，牠的唧唧聲與腳步都顯得急躁起來，眼見天色愈來愈暗，牠在那兒胡亂踏步兜圈，突然見牠展開雙翅，以極快速度飛離了地面，沒一會兒就消失在遠遠的黑暗中。

　　我想著今天的這隻鳥，又憶起昨天的那隻鳥，總感覺似乎有些蹊蹺。我猜想，說不定牠們是一對情侶，原本約好傍晚時分在這裡約會，但沒想到，一隻記的是昨天，另一隻卻以為是今天，以致他們興高采烈地期待卻撲了個空。

　　到底是哪一隻糊塗鳥記錯了日期？沒有人知道。但我更好奇的是，那隻在樹梢上呼喚一整夜的，是公鳥、還是母鳥？

　～2016

打傘的玫瑰

　　打開車門時，不小心碰到鄰家的玫瑰花圃。「噗」的一聲突然衝出一隻鳥來，嚇了我一大跳。甫定心神，赫然見到花圃叢中竟藏著一個鳥窩。

　　自從發現知更鳥的窩後，觀察鳥的生活動態，成了我晨昏定省的功課。

　　剛開始，我總是在陽台上隔著車道靜靜地觀看，想讓牠漸漸習慣我的存在，且明白我是一個不會傷害知更鳥的人類。

　　鳥窩的位置與我的高度差不多，使我無法看見巢內的裝潢。有一天見鳥離巢，飛遠了。我趕緊拿相機去偷拍一張「鳥之家」。

　　殊不知，我拍到的，竟是躺在窩裡的幾顆寶藍色小蛋。從未想到知更鳥的蛋，竟是那麼美麗的顏色，這一發現真是令我興奮極了。心中即計畫著拍一系列的「鳥之生」，自此我就成了狗仔隊成員。

想必是母性的本能，鳥媽媽見我的鏡頭老是對著鳥窩，便起了戒心，在牠離巢時，就要鳥爸來守著窩。

我每天三不五時地觀看這鳥家庭，不知不覺生出了牽腸掛肚的關懷。

四月，是梅雨季節。一天下午，天色突然轉陰，一陣雷聲隆隆地由遠方傳來。看來就要下雨了，我心中卻掛念著那窩鳥，不住祈禱可千萬別下雨，那幾顆小鳥蛋還未孵化，可是經不起風吹雨打的。

半夜裡，轟然一聲巨響，我由睡夢中驚跳起來。雷聲過後，傳來劈里啪啦鞭炮似的聲響，仔細一聽，是雨點，正千軍萬馬地擊打著玻璃窗。我擔憂花圃中的那一窩鳥，趕緊披上外衣，搶了傘就準備救援行動。

外子對我三更半夜的瘋狂行徑不以為然。他說：「住在樹林裡的鳥不也是自生自滅沒人管嗎？」我說：「不知道或沒看見，便也罷了，明知道卻不管，於心不忍。」

當我步下台階，雨點像機關槍掃射一般打在傘面上，還沒走到玫瑰花圃，身上已溼了大半，我也顧不得那麼多，趕緊撐開特別挑選的一把墨綠色雨傘，設法插在玫瑰花圃上，遮蓋了鳥窩上的天空。

我看不見鳥窩內的景象，但可以想像，偉大的鳥媽

媽必是展開濕漉漉的雙翅，保護著尚未出世的孩子們，免受風雨的摧殘。

隔天清晨，雨歇了。我見那把墨綠色的傘，還斜斜罩在仍掛著水珠兒的玫瑰花圃上。

鳥蛋逐漸長大，有一顆卻不幸被擠出鳥窩，在車道上留下破碎了的生命。我讓牠安息於玫瑰花圃之下，以紀念牠的誕生之處。

三隻小鳥破殼而出的時刻，我成了唯一的見證人。鳥媽正巧離巢覓食，鳥爸卻在屋頂上焦急又束手無策。

在那多雨的季節，墨綠色的傘一直放在門口隨時待命，我也密切注意氣象，以便迅速執行保安任務。由於傘的顏色與綠色樹叢相近，一直沒有其他人注意到玫瑰叢中隱藏的祕密，使得雛鳥能在不受干擾下成長。

赤裸的雛鳥其實不美也不可愛，牠們總是張著比頭還大的嘴喊餓。於是鳥爸鳥媽得不停地輪流覓食餵養，雛鳥們成長得相當快速。

不到兩個星期，鳥羽已逐漸填滿牠們的身軀，小窩對他們而言已相當擁擠。眼見其中一隻鳥已被擠上鳥窩的邊緣了，我正在擔心牠會被擠出巢外摔落地上，誰知，牠竟出乎我的意料，突然由花叢縫隙中衝刺了出去，接

著一隻再一隻隨後跟進，待我回過神來，牠們早已去得無影無蹤了。未經學習和鍛鍊，立即就能展翅飛高、飛遠，真是奇妙啊。

　　許多鳥友不時呼朋引伴來到我的後院玩耍、找蚯蚓、啄蟲子，掉落滿地的橡子也是牠們的最愛。見著棕黃胸膛的知更鳥，個個長得肥肥壯壯，我就特別感到安慰，不免想著，是那幾隻長大的鳥寶寶回來了吧。我總忍不住內心的衝動，對牠們揮手喊道：「嗨!奶奶在這兒呢！」

～2016

美麗的寶藍色鳥蛋會生出何種鳥來？

成長的知更鳥都得穿棕色的肚兜

自 在 鳥

　　一隻灰白花羽毛的長尾巴鳥飛來，在後院的草坪上跳躍。

　　我自娛地在窗內朝牠招手，還對著牠喊：「過來！過來！」沒想到，牠果真向著我，蹬、蹬、蹬跳了幾步。我不禁興奮地朝屋裡大叫，「快來看！這隻美國鳥聽得懂中文。」老伴湊近窗子，我重施故技，「來！過來！過來！」這鳥兒很給面子，立時又朝著我的方向多跳了好幾步。老伴必在心中竊笑，他說：「隔著窗子，妳想牠真能看得到、聽得見妳？」

　　「心有靈犀一點通唄，你沒聽過『鳥瞰』？在空中飛翔的鳥，都能見得到大海裡的魚。」

　　我家前後院經常造訪的鳥族，多數是成雙成對，或是成群結黨，這隻形單影隻的鳥，特別引起我的注意。再見到牠時，我對牠吹口哨，傳達我友善的訊息。我想他大慨聽懂了我的鳥語，竟在我窗前的圍欄上流連徘

徊，還不時歪著腦袋注視窗內的我。或許牠正感奇怪，怎麼這鳥同胞的模樣看來倒像個人類呢？以後一連幾天，我幾乎天天見到牠。

「你看，牠又來了。」我對老伴說：「牠真的每天都來報到。」

「妳怎知是同一隻？」老伴說得也是，不如拍個照存證吧！我打開窗，這鳥兒可真是善解人意，牠不但不立刻驚得飛走，還似乎刻意地停留在圍欄上，左顧右盼地擺姿勢讓我給牠攝影。

我想牠必是一隻愛照相的鳥兒。早上才上過鏡頭，下午牠又來了幾回。每看見牠在院中蹓躂，我就得重複同樣的動作：放下手邊的事務，急著開窗，舉起相機，一次又一次，直逗得我團團轉。

隔日早晨，一走進廚房，老伴就說，「妳的新朋友一早就在那兒等妳啦！」我往窗外瞧去，安安靜靜的院子，只見那隻鳥兒獨自立在圍欄上。老伴也同意這是一隻頗奇怪的鳥，當其他鳥兒、松鼠們都去別處玩耍時，牠仍自個兒在我家院子裡逛來逛去。

直到有一日，天色陰霾，毛毛細雨正開始飄落，沒想到，這鳥兒竟然又來了，這回還帶了個伴侶。兩隻鳥

兒，在圍欄上跳來跳去，一會兒在草坪上追逐，一忽兒
竄進枝葉間玩捉迷藏，兩小無猜，雨中嬉戲，好不浪漫。
我握著相機，在幾扇窗間奔波，喀嚓、喀嚓，忙得不亦
樂乎。

　　直等到他們雙雙展翅飛去，我心底突然湧出那首打
自小學起就沒忘掉的歌，「我是隻小小鳥，飛就飛，叫就
叫，自由消遙，我不知有憂愁，我不知有煩惱，只是愛
歡笑。」

　　如果有來生，我寧願是隻鳥。

～2012

有鳳來儀

　　面對著後院，有幾扇「忘憂窗」，是我舒解壓力的出口。在窗邊看著院中自在逍遙的訪客們，不知不覺地讓自己也融入了同樣的境界中。

　　後院最頻繁出現的，除了松鼠，還有各種鳥類，以及常抄捷徑穿過我家院子的貓，偶爾牠會臨時改變主意，趴在草皮上曬個太陽打個盹，或追捕蝴蝶逗嚇小鳥。

　　這一天，院子裡很安靜，只見一隻小松鼠在草地上蹦來躍去，突然見牠像是被點了穴，對著圍牆邊一堆彩色斑斕的東西發怔。

　　我也隨著定眼注視，那東西居然會動，再仔細瞧，竟然是一隻非常大的色彩鮮艷的鳥。真是太意外了，我興奮無比，第一個反應，趕緊抓起相機，搶拍一些鏡頭。

　　我的鳥相簿中還從未有過如此碩大華麗的鳥，牠全身多彩的羽毛泛著亮麗的光澤，還拖著一束似孔雀又像鳳凰般十分高貴的長尾巴。

　　這麼一隻大鳥為何突然出現在我家的後院？牠到底從哪裡來？怎麼來？何時來？真是一個令人想不透，猜不著的謎。

　　天黑之前見牠在樹叢中棲息，我沒敢去打擾。隔日，尋尋覓覓已是無影無蹤。

　　朋友收到我傳去的照片，回說，「這不是鳥，是雞，是非常稀有罕見的雉雞。」

　　大家對這雉雞的雍容華貴都讚口不絕，說是「有鳳來儀」是多麼的吉祥美好的徵兆。

　　就在這雞年之始，美麗的雉雞竟從天而降，好像特意來給我拜年，相信牠也將帶給我這一年的福澤。

　　　　　　　　　　　　　　　　　　　　～2017

衷心感謝
　　前輩們的
　　鼓勵及支持

趙淑俠教授

馬克任老師及師母

周勻之會長

作者與王鼎鈞老師及師母

趙淑敏教授

A special thanks to my daughter Kathie Cheng. With her
assistance, I was able to present my own vision in
producing this book and took up the challenge of
experiencing the process myself, which was not easy, but
fun and interesting. I have honestly enjoyed the hard work.

我要特別感謝女兒鄭凱希的協助,使得這本書能呈現自
己的構想。挑戰未曾經歷過的事並不容易,但是因為新
鮮才感到有趣,老實說,我頗享受這辛勞的過程。